MANUAL PARA EL CUIDADO DE LOS GATOS

MANUAL PARA EL CUIDADO DE LOS GATOS

Graham Meadows
y Elsa Flint

EDIMAT Libros

Publicado por primera vez en España por Edimat Libros
S.A. en 2004. Publicado en el Reino Unido por New
Holland Publishers (UK) Ltd.

Copyright © 2001 New Holland Publishers (UK) Ltd.
Todos los derechos reservados.

Copyright © 2001 del texto: Graham Meadows y Elsa Flint

Copyright © 2001 de las ilustraciones: New Holland
Publishers (UK) Ltd.

Copyright de la versión en castellano
© EDIMAT LIBROS, S. A.
C/ Primavera, 35
Polígono Industrial El Malvar
28500 Arganda del Rey
MADRID-ESPAÑA
www.edimat.es

Traducido por: Traducciones Maremagnum

ISBN: 84-9764-675-4

PÁGINA PRIMERA: El instinto cazador de su gato vive bajo su domesticación exterior.

PÁGINA SEGUNDA: Aunque pueda parecer extraño, los gatos y los conejos llegan a ser buenos amigos; su gato puede incluso buscar su camino en una conejera y tumbarse en el aserrín de sus compañeros los conejos.

FOTO SUPERIOR: Preferencias de color, las camas de razas mezcladas no tienen por qué parecerse entre ellos.

Edición: Mariëlle Renssen

Directores de edición: Claudia Dos Santos, Mari Roberts

Director de estudio: Peter Bosman

Dirección: Gail Jennings

Diseño: Geraldine Cupido

Ilustraciones: Daniël van Vuuren

Búsqueda de fotografías: Sonya Meyer

Producción: Myrba Collins

Consultoría: Bas Hagreis

ARRIBA: Los cachorros son muy curiosos, y a las seis semanas les divierte el poder interactuar con extraños.

FOTO SUPERIOR: El gato abisinio no sólo es elegante y encantador sino que es muy inteligente y aprende los trucos fácilmente.

PÁGINA ANTERIOR: El padre de estos cachorros es negro pero los genes de pelo de color negro son recesivos. Esto significa que todas las razas cruzadas de un gato negro y otro atigrado serán atigradas.

ARRIBA: Los cachorros nacen con una capacidad excelente para detectar el movimiento, ni siquiera este grillo verde camuflado está a salvo del rápido reflejo del cachorro.

PÁGINA SIGUIENTE: Mediante su interacción con los cachorros, los niños aprenden lo que es el amor, la muerte y el respeto por los seres vivos.

CONTENIDO

LOS GATOS
Y LOS HUMANOS

Los perros tienen amos.
Los gatos sirvientes.

ANÓNIMO

Todos los que sean dueños de un gato pueden sumar-se con total seguridad a la teoría de que los seres humanos no domesticaron al gato, sino que éste se domesticó a sí mismo sin ningún problema, adaptándose e incluso en muchos casos invadiendo la vida del hombre. Salvo algunas excepciones, el gato doméstico sigue siendo independiente y solitario, dotado de una indefinible veta salvaje. Su aspecto nos dice: «Puedo vivir en tu hogar pero no esperes que me amolde».

El origen del gato doméstico

El antecesor más lejano del gato doméstico actual podría ser el gato salvaje Martelli (*Felis lumensis*), especie ya extinguida. Su tamaño era el mismo que el del pequeño gato salvaje de hoy. Entre 600.000 y 900.000 años atrás, éste dio vida al *Felis silvestris*, del que evolucionaron tres tipos distintos según la región y el ambiente en que vivían. Estos fueron el centro europeo o gato salvaje del bosque (*F. silvestris silvestris*), el gato asiático del desierto (*F. sil-*

ARRIBA: Los leones macho (*Panthera leo*) dentro de la manada pueden ser especialmente tolerantes con los cachorros.

FOTO SUPERIOR: Pese a su fama de ser distantes no es de extrañar ver a un gato lamiendo a su amo como muestra de su afecto.

vestris ornata) y el gato salvaje africano (*F. silvestris lybica*). Éste último vivió casi siempre en Asia y el norte de África y dado que el proceso de domesticación ocurrió principalmente en Oriente medio, el gato salvaje africano es casi sin duda el principal antecesor del gato doméstico actual.

Domesticación

Así como en otros animales domésticos, el proceso de domesticación de los gatos duró muchos años. Los gatos salvajes podrían haberse asociado a los seres humanos cuando los últimos cazadores se inmovilizaron, reunieron y asentaron permanentemente; cosecharon cereales y establecieron graneros. Los graneros atrajeron a ratas y ratones y a su vez a gatos salvajes.

Cualquier agricultor agudo enseguida pudo percatarse de las ventajas de resguardar a estos gatos para tener bajo control a las alimañas, y así es como se habría forjado una asociación de beneficio mutuo entre ellos.

El momento exacto en el que comenzó la domesticación no está claro, aunque nuestras estimaciones, según descubrimientos arqueológicos y excavaciones de restos de gatos, demuestran que siempre han estado íntimamente asociados al ser humano. Aunque se han encontrado varios restos de gatos en lugares arqueológicos de Egipto que datan del 6700 a.C., no existe ninguna prueba fehaciente de que fueran animales domésticos y lo más probable es que fueran salvajes. Si se acepta que el descubrimiento del esqueleto de un gato enterrado con una persona es la prueba de que el gato era doméstico, entonces el hallazgo de una tumba de hace 7.000 años situada en Mostagedda, Egipto, sería prueba suficiente. Allí, las excavaciones revelaron a un hombre enterrado con dos animales en los pies: un gato y una gacela.

Si esto no le convence, necesita remontarse 2.500 años hasta la primera representación artística de gatos en una tumba egipcia. Los restos de un gato recuperados de un lugar arqueológico en el valle del Indus del año 2000 a.C. podrían ser de una variedad doméstica y las pinturas e inscripciones de ese mismo período retratan gatos en situaciones que sugieren su domesticación.

ARRIBA: Muchas estatuas representaban a la diosa gata egipcia, Bast. Esta figura de bronce data de entre los años 664 y 525 a.C.

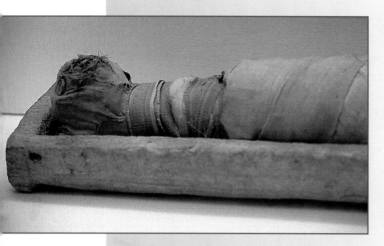

El culto a los gatos y su cultura

Hace miles de años, el culto al gato ya estaba establecido en el antiguo Egipto. Había una diosa felina, Mafdet, que mataba a las serpientes y era la protectora del faraón en el Palacio real; sus pinturas aparecen en fórmulas mágicas grabadas en las cámaras de las pirámides de las dinastías V y VI (antes del año 2280 a.C.). Los egipcios reconocían el papel del gato como guardián de los graneros, lo protegían con sus leyes y guardaban gatos sagrados en sus templos. En el templo de la gata diosa Bast o Pasht, palabra inglesa de la que ha derivado la palabra «puss» («minino»), miles de gatos fueron momificados y metidos en tumbas. Diversas excavaciones en otros lugares también han revelado un gran número de gatos momificados y se piensa que la cúspide del culto al gato tuvo lugar alrededor del año 500 a.C., cuando muchos otros animales estaban también sujetos al culto. Una vez, se creyó que todas las momias eran de gatos domésticos que habían muerto por causas naturales y sus dueños en señal de duelo los llevaban al templo. Más recientemente, los investigadores han llegado a la conclusión de que muchos de ellos eran gatos criados sólo para el sacrificio, ya que presentaban el cuello roto y muchos eran casi cachorros.

A partir de esa época, hallamos pruebas innumerables que revelan el hecho de que los gatos habitaban en los hogares de Egipto. Una pintura de Tebas, en la tumba del capitán May y su esposa Tui (año 1600 a.C.), retrata un gato anaranjado sentado bajo la silla de Tui. El gato lleva un collar y su correa está atada a la pata de la silla. La inferencia es que se trataba de una mascota, aunque puede ser discutible. Una pintura en la tumba de alguien llamado Baket (del año 1500 a.C. aproximadamente), representa a un criado observando a un gato que está acechando una rata. Otras tumbas de Tebas contienen también pinturas de gatos. Una de ellas, del año 1400 a.C., representa un gatito sentado en el regazo del escultor Ipuy. Existen también algunos artefactos muy interesantes, aunque no concluyentes, que indican que en esta época los gatos no sólo eran mascotas en casa, sino que también ayudaban a cazar. Al menos las pinturas de tres tumbas, una de ellas en la del escultor Nebuman (alrededor del 1400 a.C.), muestran gatos aparentemente en acción mientras los cazadores de aves lanzan palos para capturar y matar patos y otros pájaros. ¿Estaban estos gatos ayudando a levantar la caza de las camas de junco y/o a cobrarla? Un escéptico podría pensar que estaban ahí simplemente para sacar provecho de una comida gratis.

La domesticación del gato

Se supone que durante el proceso de domesticación se realiza un cambio genético en el temperamento salvaje (una mutación doméstica) que reduce la agresividad innata del gato salvaje y hace posible la domesticación. Las bases de este razonamiento son que la docilidad del gato salvaje (falta de agresividad) no es hereditaria; aunque los animales

FOTO SUPERIOR: En el antiguo Egipto, se practicaba el culto a los gatos y a muchos de ellos se les momificaba para que acompañaran a sus dueños al otro mundo.
ARRIBA: No es de extrañar que la madre ronronee en alto cuando amamanta a sus cachorros.

pueden domesticarse, sus cachorros nacen con un temperamento agresivo que a su vez puede ser domesticado.

En el gato doméstico, los cachorros heredan la docilidad de su madre; sin embargo, siguiendo el razonamiento, algún cambio genético debe haberse producido en el gato doméstico para que esto ocurra.

La idea de una mutación en la domesticación es intrigante; por sus exponentes parece que cuando sucede impide el desarrollo de ciertos rasgos característicos del comportamiento adulto, con el resultado de que los animales adultos siguen mostrando determinados comportamientos infantiles. El hecho de que mantengan este tipo de comportamientos hace más fácil su domesticación.

Este caso se denomina neonatología y así es como funciona: los gatos salvajes adultos son solitarios. Se forma un grupo familiar estrechamente unido sólo cuando la hembra pare y cría a sus cachorros, pero en el momento en el que éstos se hacen independientes, no sigue la agrupación y cada cual sigue siendo un ser solitario.

Por el contrario, los gatos domésticos se comportan de un modo muy distinto. Son más sociables y parece ser debido a que retienen parte de su instinto de cachorros para seguir unidos. Existen diversos ejemplos que lo demuestran.

Si el dueño de una hembra que acaba de parir decide dejarle una o más crías una vez que han sido amamantadas, la madre y los hijos formarán una familia muy unida.

Incluso cuando los gatos domésticos son salvajes, sus familias tienden a estar unidas mientras que en las áreas urbanas, donde comparando existe una población densa de gatos domésticos, los adultos que no tienen lazos entre ellos suelen formar amplias asociaciones. Algunos grupos hasta se reúnen a cierta hora del día para la «conferencia de los gatos», que debe asemejarse a cuando nosotros salimos con los amigos.

La neonatología podría surgir de una mutación genética, pero también podría ser el resultado de un proceso de selección humana. La gente elegiría quedarse y criar a los que fueran más fáciles de manejar. Los que mostrasen características juveniles estarían más orientados a la familia y serían menos independientes que los adultos y, por lo tanto, estarían más preparados para convivir con seres humanos. La neonatología no es exclusiva de los gatos domésticos. También ocurre en perros domésticos, que siendo adultos mantienen algunas características de cuando eran cachorros, lo que les facilita la vida con los seres humanos.

FOTO SUPERIOR: Una leona (*Panthera leo*) siempre está alerta, vigilando el peligro que acecha a sus crías, incluso cuando ya no lo son ni tan siquiera vulnerables.

Nunca sabremos si ese cambio genético tiene lugar ni tampoco cuándo. Sólo podemos saber que la gente tenía cachorros de gatos salvajes y que algunos de ellos (probablemente hembras) estaban lo suficientemente domesticados como para dejar la edad adulta y la raza aparte. Finalmente, por varias razones, los gatitos que nacían eran menos agresivos y más apropiados para vivir con seres humanos.

Sin embargo, el temperamento salvaje del gato doméstico está sólo a un paso y no todos los gatos muestran el mismo grado de «domesticación». Existe una amplia gama de temperamentos entre los gatos domésticos: algunos son extremadamente mansos y otro están dotados de una veta salvaje claramente definida. Asimismo, la falta de agresividad en los gatos domésticos debe ser reforzada por el contacto humano desde una edad temprana. De lo contrario, algunos de los atributos del gato salvaje vuelven a aparecer. Por ejemplo, los gatitos que nacen de un gato doméstico salvaje son desconfiados con los humanos, y deben someterse al menos a un proceso básico de domesticación para que se adapten a vivir en un hogar humano.

La expansión de los gatos

De la misma manera en que se desarrollaron rutas comerciales entre los países por el Mediterráneo y en Asia, la expansión del gato doméstico también creció. Sobre el año 900 a.C., los comerciantes fenicios los trajeron a Italia y a partir de ahí, se expandieron poco a poco por toda Europa. Durante esos años, se fueron introduciendo las informaciones del gato salvaje europeo (por accidente, casualidad o por ambas cosas).

Se sabe que los gatos llegaron a Inglaterra hacia el año 1000, durante el período del primer asentamiento vikingo, ya que se han descubiertos vestigios de gatos en muchos lugares arqueológicos que datan de ese período (incluido el antiguo pueblo vikingo de Jorvik, en York, Inglaterra). El pelaje de todos estos gatos era corto, excepto hacia el este, donde aparecían variedades de pelo largo. Posiblemente, el gen del pelo largo provenga del manul (*Felis manul*) de Asia central. Pero es más probable que se originase de una selección artificial de un gen que produjera pelo largo. Este gen se expandió desde el sur de Rusia hasta Pakistán, Turquía e Irán hasta que, finalmente, se puso de manifiesto la raza de angora o persa. Las especies de pelo largo llegaron a Italia desde Turquía durante el siglo XVI, al mismo tiempo que el gato manes llegó a la isla de Man desde el este lejano, traído por los comerciantes españoles que recorrían esas rutas con cierta frecuencia. Los primeros colonos llevaron consigo a los gatos de pelo corto al Nuevo Mundo y los siguientes pobladores llevaron una variedad de gatos a Australia y Nueva Zelanda. Actualmente, los gatos domésticos están expandidos por todo el mundo.

Colores y dibujos del pelaje

Se cree que algunos de los colores y dibujos del pelaje de los gatos domésticos son muy antiguos, ya que han tenido tiempo para expandirse por todo el mundo. Se incluyen el negro, el azul (un gris pizarra que es un diluido del negro) y naranja (anaranjado). Los colores del siamés y el birmano, por otra parte,

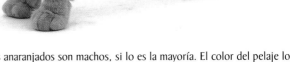

ARRIBA: Aunque no todos los gatos anaranjados son machos, si lo es la mayoría. El color del pelaje lo aporta un gen vinculado al sexo.

FOTO SUPERIOR: El origen del ruso azul es desconocido. Se dice que los marineros trajeron de vuelta especies a Inglaterra del norte del puerto ruso del Arcángel.

son más recientes y su origen proviene del sudeste de Asia; fueron preservados y expandidos por el interés humano.

Algunos colores se expandieron de mutuo acuerdo. Por ejemplo, hace cientos de años, en Inglaterra, parece ser que surgió el gato atigrado de manchas como una mutación del gato atigrado de rayas. Por razones que aún no pueden explicarse del todo, el gato atigrado y negro de manchas crece más fácilmente en un ambiente urbano de alta densidad, y en algunas áreas (especialmente en Inglaterra) esos colores están siendo los predominantes entre los gatos callejeros y los domésticos sin raza.

La raza

Los gatos, sobre todo los machos adultos, son trotamundos por naturaleza. Antes del concepto de raza selectiva hace ciento cincuenta años, estas ansias por conocer mundo del gato doméstico proporcionaban una gran oportunidad para el intercambio de genes. Si cohabitaban dos razas de gato distintas en una región, se mezclaban durante un período de tiempo,

motivo por el cual no podemos saber con certeza el origen de muchas de las razas domésticas de hoy en día. Sin embargo, diversos estudios sobre la estructura del esqueleto, el tipo de cuerpo y la longitud del pelo de las razas modernas nos permiten realizar una hipótesis probablemente cierta. La estructura corporal más pesada y más fornida, encontrada en los persa y en los de pelo corto en Inglaterra, muestra la influencia del gato salvaje europeo. Las razas extranjeras y orientales (como la siamesa o la abisinia) mantienen el cuerpo ágil del gato salvaje africano.

Parece no existir prueba alguna que demuestre que algunas razas domésticas (como la angora, el gato chico y la siamesa) son de origen asiático y pueden descender del gato pallas (*Otocolobus manul*) o de sus relativamente cercanos, ya que los cráneos de estos gatos no tienen nada que ver con las especies asiáticas.

El desarrollo del pedigrí

A mediados del siglo XIX, la idea de raza y la de tener gatos de raza tomó peso en Inglaterra y Europa. Algunos criadores empezaron sus programas de reproducción utili-

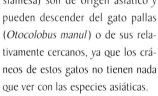

ARRIBA: Hoy existen más de 160 colores en el gato persa.
FOTO SUPERIOR IZQUIERDA: Los ojos azules es el rasgo más característico de los gatos siameses.
FOTO SUPERIOR DERECHA: Los gatos son muy ágiles y trepadores exactos y potentes.

zando gatos comunes de pelaje corto, eligiéndolos por el tamaño de su cuerpo y el color. A partir de estos antecesores, durante años y a través de razas selectivas, se crearon las razas de pelo corto británica y europea.

En Estados Unidos, la estirpe fundamental de los gatos de pelo corto fueron los gatos locales, que eran descendientes de los gatos llevados por los pobladores doscientos años antes y habían desarrollado características diferentes a las suyas propias. Éstas se ven ahora reflejadas en el gato de pelo corto americano.

Durante los primeros días de la reproducción de los gatos, ya existían gatos domésticos de pelo largo, pero el principal desarrollo de las razas de pelo largo de raza tuvo su origen, en principio, en el gato de angora que había aparecido en Turquía, y más tarde en otras razas de pelo largo importadas de Persia y Afganistán. Rápidamente, las dos últimas se dieron a conocer como persas y se hicieron muy populares, no como el de angora, que casi desapare-

ció nada más reproducirse. Casi a finales del siglo XIX, las exportaciones e importaciones de los gatos de raza empezaban con fuerza y a finales de siglo, el siamés, el ruso azul y el abisinio ya habían llegado a Reino Unido. Durante el siglo XX, la exportación e importación de gatos continuó. El primer birmano llegó a Francia en 1919 y el antecesor del birmano moderno llegó a Estados Unidos desde Rangún en 1930.

En los 50, el Mau y el Korat egipcios llegaron a Estados Unidos y los gatos turcos a Reino Unido. El bobtail japonés llegó a Estados Unidos en 1968 y en 1970 llegaron el de angora y el de Singapur. A finales de siglo, el mapache de Maine llegó a Australia, donde se había desarrollado el de manchas y los ocicat llegaron a Nueva Zelanda.

La expansión de los gatos de raza y la aparición de nuevas razas y colores sigue hoy por todo el mundo. Actualmente, existen docenas de razas diferentes y cientos de colores distintos.

FOTO SUPERIOR: Las exposiciones de gatos son ideales para familiarizarse con las características de las diferentes razas. Los gatos se valoran por su condición, el tamaño de su cabeza, su pelaje, el color así como la forma de sus ojos y hasta de sus colas.

Exposiciones de gatos

La primera exposición de gatos registrada tuvo lugar en St. Giles Fair, Winchester, Inglaterra, en 1598. En el siglo XIX, ante el auge de popularidad de los gatos, las exposiciones también se hicieron muy populares. Al principio, se llevaba a los gatos y se mostraban en jaulas muy diferentes e incluso en los brazos de su dueño. La exposición de gatos, tal como la conocemos hoy en día, surgió de la idea de un inglés llamado Harrison Weir, que decidió alojar y exponer a los gatos en fila en jaulas encima de un banco o una mesa. Su primera exposición, llamada Exposición

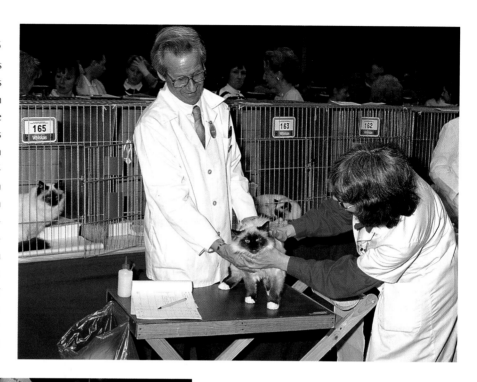

Nacional de Gatos, tuvo lugar en 1871 en el Palacio de Cristal de Londres, donde se mostraron al menos ciento sesenta gatos. Este tipo de exposición se dio a conocer como la exposición en bancos, un nombre que sigue utilizándose hoy.

Las exposiciones de gatos son ahora acontecimientos habituales y una parte integrante del mundo de los gatos de raza. Sin embargo, cada vez más se está incluyendo una sección de gatos sin raza, para que así los dueños de gatos comunes vayan a mostrar a sus mascotas y al mismo tiempo conozcan las especies de raza. Estas exposiciones sirven para que el público tome conciencia de los avances en el mundo de las razas, conocido como el encanto de los gatos.

El encanto de los gatos

A finales del siglo XIX, a medida que el interés por las razas y las exposiciones aumentaba, apareció la necesidad de encontrar una forma de control para el

ARRIBA: Este abisinio alazán, una raza a la que no le gusta estar encerrada, es claramente una típica muestra en las exposiciones de gatos.

FOTO SUPERIOR: Los jueces examinan un cachorro british sealpoint y le otorgan puntos por algunas características que se definen en las normas de las razas. Una curva en la cola descalificaría inmediatamente al gato.

En Estados Unidos, la primera institución de registro fue *American Cat Association* (ACA), creada en 1899. Todavía existe y es una de las muchas organizaciones que trabajan en ese país, donde *Cat Fanciers' Association* (CFA) realiza el registro más numeroso de Estados Unidos y del mundo.

Normas de las razas

La mayoría de los países cuentan con al menos uno o más órganos supervisores del reconocimiento y el registro de las razas, y establecen las normas para cada una de ellas. En todos los países, se recogen esas normas en ediciones especiales que se revisan regularmente y que sirven de guías para criadores y jueces.

No todas las organizaciones clasifican las razas de la misma manera y las normas pueden variar de un país a otro. La variación más importante tiene lugar en Estados Unidos.

Los gatos y el hombre

En la sociedad actual, las mascotas son uno de los numerosos factores que componen lo que llamamos «calidad de vida».

Durante los últimos veinte años, diversos estudios han confirmado los beneficios psicológicos y médicos de tener una mascota. Estos beneficios se han convertido en las bases de los programas basados en actividades y terapias asistidas por animales. En esos programas, se utiliza la interacción con animales para ayudar a personas con problemas psicológicos o físicos.

reconocimiento oficial y el registro de las diferentes razas. En 1887, el Club Nacional de Gatos, la primera organización de este tipo, se creó en Reino Unido, con Harrison Weir como presidente. Realizaron un libro de razas y establecieron un sistema para el registro oficial de los gatos de raza. Más tarde, esta organización se fusionó con otra para convertirse en el *Governing Council of the Cat Fancy* (GCCF). En 1983, se creó una institución más de registro en Reino Unido: *Cat Association in Britain* (CAB).

Las actividades asistidas por animales son programas informales «conocer y saludar», en los que cualquier progreso en parte del receptor humano no se mide.

Las mascotas se utilizan también para visitar a los mayores que viven en hospitales o en residencias, así como para ayudar a superar la soledad y el aislamiento de niños maltratados, prisioneros y personas sometidas a todo tipo de terapias.

FOTO SUPERIOR: Aunque su gato instintivamente cace pájaros, es imposible que un loro asertivo aprenda a dominar al gato de la casa.

La terapia asistida por animales se basa en un programa formal indicado para lograr un objetivo específico, y está documentado por un profesional en el ámbito de la salud o en servicios humanos. Esta persona puede ser un físico, un terapeuta ocupacional, un terapeuta físico, un especialista en recreación terapéutica, un profesor, una enfermera, un trabajador social, un terapeuta discursivo o un profesional de salud mental. El animal lo puede manejar el especialista o un voluntario que siga sus indicaciones. El objetivo del programa puede ser una mejora en las habilidades sociales, en la movilidad, en las habilidades verbales o en la atención, por ejemplo. Todas las sesiones se basan en el historial del paciente donde se anota su progreso y actividad.

Por ejemplo, un terapeuta ocupacional puede utilizar la ayuda de un gato y utilizarlo en su trabajo para aumentar la movilidad del brazo de una persona. Al hacer el esfuerzo de tocar o acariciar al gato, esa persona puede mejorar su movilidad. El progreso realizado en cada sesión es anotado por el terapeuta ocupacional.

En las sociedades industrializadas, el aumento del bienestar, el descenso en la tasa de natalidad y los lazos familiares distendidos permiten que el papel psicológico de las mascotas sea cada vez más importante. La mayoría de las parejas eligen no tener hijos o tenerlos más tarde, una vez que la mujer tiene un trabajo, y para muchas de esas personas un animal se convierte en un miembro más de la familia. Pero cualquiera que sea la composición de una familia, tener un gato seguro que le proporcionará algunos beneficios importantes.

Compañía

Para casi todos los dueños de un gato este es el principal motivo por el que lo tienen. Es muy fácil tener un gato en casa como un compañero y un amigo en el que se puede confiar. Si le habla como si fuera una persona, no piense que es extraño. Casi todos hacemos lo mismo.

Para hablar con nuestro gato utilizamos instintivamente el mismo método con el que hablamos con una persona. Para consolarlos utilizamos «gestos primarios» estándar como alargar la mano y acariciarle, darle besos y hablarle en voz baja.

ARRIBA: A las siete semanas, cachorros como estos están completamente criados, comen comida sólida, se sienten felices al interactuar con personas y están listos para irse a vivir a un nuevo hogar.

Confort, apoyo y relajación

Puede recibir confort tanto del afecto que su gato le demuestra como del contacto físico directo, por ejemplo, cuando se le restriega, lo acaricia o se tumba en su regazo.

Casi todos necesitamos estar cómodos cuando nos sentimos tristes o deprimidos y nuestro gato puede ayudarnos realmente a recuperarnos. Este aspecto es particularmente relevante para los miembros más jóvenes de la familia en época de problemas. Si un adolescente está pasando por una etapa difícil de su vida, su gato le ofrecerá ese apoyo emocional que necesita.

Su gato le ayudará también a relajarse. Está demostrado que una persona en un estado de tensión muestra un relajamiento en los latidos del corazón y una bajada en la presión de la sangre cuando su mascota entra en escena. Tener un gato es fundamentalmente aconsejable para aquellas personas que a consecuencia del trabajo sufren estrés y necesiten controlarlo. Un gato también puede aportarnos protección psicológica. Por ejemplo, puede ofrecernos la seguridad emocional necesaria para enfrentarnos o superar temores irracionales, como el miedo a la oscuridad o la ansiedad cuando nos dejan solos.

Ayuda a hacer nuevos amigos

Existen indicios de que las personas a las que le gustan los animales gustan más a otras personas y son más interactivas socialmente. Si tiene un gato, seguro que se le da bien hacer nuevos amigos y seguro que no permite que su gato se convierta en un sustituto o una distracción para no conocer a gente nueva.

Los gatos actúan como catalizadores para producir el contacto entre los seres humanos y asimismo son un vínculo importante entre jóvenes y mayores.

Realización personal y autoestima

Todo el mundo necesita sentirse bien consigo mismo. Muchos logramos este objetivo mediante el éxito en las relaciones familiares, el trabajo, el deporte y otras actividades de ocio. Otros lo consiguen mediante la gloria reflejada al tener o criar un gato que es objeto de prestigio. Puede ser el ganador en el ring o tener una raza extraña, poco conocida.

Pero su gato no tiene que ser el ganador de ningún espectáculo. Cualquier gato común posee un carácter y una apariencia que lo hacen único y sólo con mirarlo y saber que es el suyo, ya sentirá un profundo sentimiento de satisfacción.

A algunos de nosotros la mera responsabilidad de cuidar de otro ser vivo nos hace sentirnos bien con nosotros mismos y si lo hacemos bien podemos vernos premiados por la aprobación de otras personas.

Un complemento en nuestras actividades de ocio

Los gatos juegan un papel importante en nuestros ratos libres. Les gusta jugar y nos estimulan para jugar con ellos. Esto nos ayuda a relajarnos y a desarrollar unas ganas de vivir más activas, distrayéndonos de la carga de las tareas domésticas o del trabajo. Para muchos de nosotros cuidar a un gato, alimentarlo y mimarlo puede llegar a ser una actividad de ocio como otra cualquiera.

ARRIBA: Un recordatorio del relax siempre presente, la capacidad de un gato para dejarse acariciar, estar tranquilo y, sin embargo, siempre alerta es la envidia de todo dueño estresado y agotado por el exceso de trabajo.

Beneficios para los niños

La mayoría de las familias que tienen un gato tienen también hijos. Podríamos preguntarnos por qué los padres que llevan a cuestas una familia querrían cargar con otro miembro más que no es ni humano y la respuesta no estaría del todo clara. Muchos pensamos que tener una mascota nos servirá para enseñarle a nuestros hijos el sentido de la responsabilidad: un niño que aprende a respetar y a cuidar a una mascota, mostrará también actitudes de afecto hacia las personas.

También hay un valor educacional. Si su hijo aprende los procesos del cuerpo de su gato y cómo tratar sus problemas de salud o enfermedades, estará mejor preparado para sus propias experiencias en la vida. El ciclo de vida de un gato es de unos quince años y puede igualar el período durante el que nuestros hijos estén llegando a su madurez. La vida de un gato les ayudará a aprender sobre el crecimiento, el aprendizaje, la madurez, el sufrimiento y la muerte. Cuidarlo durante esa etapa de su vida les enseñará algunos valores paternos.

La presencia de un gato en su hogar puede ayudar a sus hijos a superar la ansiedad, controlar su agresividad, desarrollar su propia conciencia y enfrentarse con problemas que tendrán a lo largo de su vida.

Diversas investigaciones indican que cuando sus padres o sus hermanos no están cerca, los niños suelen hablarle al gato sobre lo que le ha pasado durante el día. Es interesante resaltar que los niños que más desarrollen sus habilidades sociales y su empatía con otras personas serán los que hablen íntimamente y mucho tiempo con sus mascotas y sus abuelos.

Mejor para su casa

Está demostrado que las familias con mascotas son en general más higiénicas que las que no tienen.

Valor terapéutico

Su gato le proporcionará otros muchos beneficios. Estadísticamente es probable que:

- Viva más tiempo.
- Tenga la tensión más baja.
- Sufra menos riesgo de infarto.
- Sufra menos estrés y sienta alivio en situaciones de tensión.
- Sea más fuerte emocionalmente y menos propenso a la depresión.
- Tenga más motivaciones y esté más dispuesto a todo.
- Sea menos agresivo.
- Esté más centrado en sí mismo y soporte más a los demás.
- Juzgue menos a los demás.

Beneficios para las personas mayores

Los gatos pueden aportar beneficios especiales para las personas mayores, que a menudo no se alimentan bien a sí mismas. Alimentar a su gato les estimula a comer y su gato les brinda su compañía mientras lo hacen.

Sería bueno para los mayores que viven en residencias que pudieran llevarse a su mascota con ellos, pero esto es algo poco práctico. Por ese motivo, en algunas residencias tienen uno o más gatos para el bien de los residentes.

FOTO SUPERIOR: El siamés es un gato extrovertido, ideal para vivir con gente, ya que le encanta la compañía humana. Se le puede enseñar incluso a pasear con una correa.

SU NUEVO GATO
La elección
de una compañía felina

Como mucha gente, puede verse a sí mismo eligiendo su propio gato pero no piensa en la posibilidad de que su gato le elija a usted. Entrará en una tienda de animales o en una clínica veterinaria y allí mirándole encontrará una adorable cara de gato pequeño con ojos suplicantes. Ha estado pensando en tener un gato pero no se lo ha planteado en serio. Y ahora tiene delante ese montón de pelusa, pidiéndole que lo lleve a casa. Será difícil resistirse.

Algunos gatos callejeros ya se saben la rutina también. Se paran en una puerta, reconocen el local, controlan el servicio de comidas, se ganan a los habitantes de la casa y se mudan.

Aunque algunos gatos de barrio eligen a sus dueños de alguna de las formas anteriormente descritas, la mayoría son seleccionados según una decisión planeada y muy pensada por parte de sus dueños.

ARRIBA: Sin un cargo en el mundo. Los gatos dejarán en sus manos muchas de las responsabilidades de la vida.
FOTO SUPERIOR: Si quiere un gato con pedigrí, como por ejemplo el Sealpoint birmano, asegúrese de que adquiere uno de un criador con cierta reputación, y haga que su familia tome parte en el proceso de selección.

Factores a tener en cuenta

○ ¿Por qué quiere un gato? ¿Por compañía, por su raza o para mostrarlo?

○ ¿Tiene más animales, se integrará su gato con ellos?

○ ¿Tiene una casa adecuada para el tipo de gato que desea? Un apartamento pequeño y alto puede ser apropiado para un gato persa, por ejemplo, pero no para un gato oriental. Una casa que dé a una carretera puede ser una garantía de una corta vida para su gato.

○ ¿Quién lo va a cuidar? Aunque sea una mascota familiar, debe haber alguien que se ocupe de su alimentación, que se asegure de vacunarlo bien y a tiempo y que se preocupe de desparasitarlo y curar sus resfriados. No lo deje en manos de sus hijos.

○ ¿Cómo se va a integrar con el resto de los animales de la casa? ¿Lo maltratará el terrier de la familia? ¿Lo verá el gato titular como un intruso y tratará de echarlo fuera? ¿Se convertirá su periquito favorito en la cena

del gato? ¿Podrá seguir llevando la misma vida tranquila y sosegada el pez de su jardín?

○ ¿Podrá con todos los gastos? La alimentación de los gatos es más barata que la de los perros pero su salud requiere muchos cuidados y puede salirle caro.

○ ¿Hay algún asmático en la familia? Muchos de ellos tienen alergia a los gatos, así que antes de comprar un gato analice la situación.

¿Dónde compro mi gato?

Los protectores de los animales y las organizaciones que los acogen suelen tener una selección de gatos de todas las edades. En muchos lugares, contratan veterinarios para controlar la salud de los animales antes de que alguien se los lleve a casa y los gatos que estén bien serán vacunados antes de su venta.

Las clínicas veterinarias son otra opción. Muchos clientes buscan un gato o cachorros para una buena casa. Esos animales habrán estado sujetos seguramente a chequeos médicos y el veterinario le asegurará que están vacunados.

ARRIBA: Muchos gatos son abandonados y tienen que ser sacrificados. Si puede, compre a su gato de un centro de acogida de animales como este.

FOTO SUPERIOR: Los gatos adultos tienen menos posibilidades de encontrar un hogar que los pequeños; sin embargo, pueden ser la elección ideal para una persona mayor.

Las tiendas de animales normalmente tienen cachorros en venta. Si va a comprar el gato en ese tipo de establecimiento, hágalo sólo si le garantizan que el gato pasará un control veterinario. Si el gato o el cachorro está sin vacunar, asegúrese de hacerlo lo antes posible.

Si decide elegir un gato de un anuncio, adquiéralo sólo si pasa antes un control veterinario.

A veces, un gato puede ser un regalo (de bienvenida); en ese caso, quien se lo regale habrá seguido los pasos necesarios para asegurarse de que el animal goza de buena salud.

¿Pedigrí o no pedigrí?

Si le interesa enseñarlo o criar con él, lo ideal sería un gato de raza. Si prefiere lucirlo a criar, recuerde que en la mayoría de las exposiciones para gatos también existe una sección para gatos sin pedigrí, así que no tiene que comprar un gato de raza sólo para mostrarlo.

Gatos con pedigrí

Dependiendo de dónde viva, puede haber cuarenta o más razas distintas para elegir, desde los gatos de pelo largo como el chinchilla, hasta los de pelo corto como el british de pelo corto o el oriental. Si busca algo diferente, puede optar por el gato noruego del bosque, el turco o el LaPerm. Dentro de cada raza (de los de pelo largo o persas) existe una amplia gama de colores, quizá unos cincuenta. Hay muchos libros y páginas *web* con listados de razas y variedades, así que si está pensando en comprarse uno de ellos, consulte antes todo tipo de información.

No olvide hablar con el veterinario. Los veterinarios saben reconocer muchos de los problemas de salud y comportamiento que se dan en los gatos locales y tienen mucha idea sobre los riesgos. Saben qué razas son recomendables y cuáles no, y aunque no estén dispuestos a decirles esto último, les conducirán claramente hacia lo mejor.

La ventaja de elegir un animal de raza es que podrá saber con seguridad cómo son la madre y el padre. Los criadores conocidos estarán encantados de que visite su colección de raza y analice a sus animales por su temperamento y salud. Evite a los criadores que le pongan excusas y no le dejen ver a los padres o se nieguen a darle alguna información.

Igual que cada gato posee su temperamento, este también lo determina cada raza. Por ejemplo, algunas de pelo largo (como los persa) son amigables, completamente inactivos y lo que más les gusta es un mimo sobre un regazo caliente. Otros tienden a ser distantes y objetos para como mucho tocarlo. El siamés y el extranjero (oriental) son más exigentes e independientes. No confunda esa actitud tan normal en los gatos con un temperamento pobre, que a menudo expresan con agresividad. Algunos animales de raza tienen un temperamento muy pobre, causado por la selección únicamente de su raza sin mirar nada más, así que esté atento y no elija ningún animal de ese tipo.

Los gatos con defectos físicos obvios, como los párpados al revés, muy propio en los gatos persas y en algunas razas exóticas, deberían evitarse. Si un criador le dice que ese defecto es normal en la raza, tenga cuidado, porque aunque los ojos llorosos o la dificultad de respiración se pueden aceptar en ciertas razas, ambos son problemas de salud graves. Si tiene alguna duda hable con su veterinario primero o compre un animal sujeto a un control sanitario.

ARRIBA: El korat es una raza muy antigua, originaria de Tailandia (donde se le conoce como Si-Sawat).
FOTO SUPERIOR: Los gatos pasan gran parte del día lamiéndose y son capaces de recorrer todas las partes de su pelo con la lengua. Este gato es un lynx rojo oriental.

Gatos sin pedigrí

La mayoría de los gatos que tenemos como mascotas son de raza desconocida, y si elige un animal así lo más seguro es que no pueda obtener información alguna sobre sus antecesores. A lo mejor podrá ver a su madre y hacerse una idea de su carácter pero no necesariamente le indicará cómo va a ser el carácter de su gato. Cada gato es diferente y todavía más los gatos sin raza o los tipos domésticos. Lo que ve es lo que se lleva.

Dicho esto, una gran mayoría de gatos sin raza resultan ser la compañía ideal para su hogar. Sus antecesores no tuvieron más remedio que ser dóciles, sensibles, adaptables y saludables para sobrevivir, camuflando su carácter lo que

algunos científicos llaman vigor híbrido: una mezcla de genes que aporta a cada gato la oportunidad de sobrevivir y reproducirse.

¿Cachorro o adulto?

En algunas casas regalan los cachorros cuando llegan a las seis u ocho semanas. A esa edad ya han sido amamantados y se socializarán bien en sus nuevos hogares. Todavía necesitan aprender cosas y recibir algunas vacunas.

Por el contrario, los criadores de raza no permiten que sus cachorros vayan a un nuevo hogar hasta que no alcanzan, al menos, doce semanas. A esa edad ya saben cómo comportarse en casa y ya han recibido su primera tanda de vacunas.

Un cachorro puede ser más atractivo que un adulto y cumplir con su necesidad de criar a un animal joven. Tendrá menos idea de cómo va a ser su temperamento pero según se le trate y se le eduque así será su carácter y si se le trata bien, la mayoría de los gatos se convierten en la compañía ideal.

Al decidirse entre un cachorro o un adulto recuerde que los protectores de animales tienen gatos grandes y pequeños a la espera de un nuevo hogar. Algunos adultos de raza ya se convierten en excedentes para los criadores y después de castrarlos están disponibles como mascotas y es fácil determinar el temperamento de un gato adulto.

¿Macho o hembra?

Si se compra un gato de raza y espera criar con él, seguro que elegirá una hembra. Un macho, normalmente, debe estar en una habitación diferente y por su marca de territorio, rara vez se convierte en una buena mascota familiar. Si no tiene intención de criar, el sexo no es algo crucial ya que como dueño responsable debería castrar al cachorro o dado el caso al gato adulto. No hay mucha diferencia entre el comportamiento de un macho y una hembra una vez castrados, y ambos pueden llegar a ser una mascota dulce y adorable.

ARRIBA: Este criadero de gatos birmanos es un establecimiento de categoría que ofrece amplios espacios dentro y buen alojamiento fuera.

FOTO SUPERIOR: El juego de la lucha es una parte importante en el desarrollo físico y mental del cachorro, es cuando los animales aprenden a atacar a otros y a defenderse.

La elección

Busque un gato o un cachorro saludable cuyo temperamento y personalidad se adapte a su estilo de vida. Hacerse una idea de cuál será el más apropiado, requerirá su tiempo. Si está con un gato adulto siéntese, hable con él y observe cómo se relaciona con usted. Preste atención sobre cómo reacciona si lo toca o lo coge. Si está con una camada de cachorros, coja cada gatito uno por uno. Un cachorro muy tímido o demasiado agresivo con sus hermanos puede seguir siéndolo cuando sea adulto, aunque no siempre es así. Si la madre está delante cuando está con ellos, examine su temperamento y salud.

Cuando observe detenidamente la salud o el temperamento de un gato o un cachorro, utilice la siguiente lista:
- Enseguida se le acerca y no huye ni muestra agresividad.
- Es despierto, brillante, gentil y juguetón y no se muestra atontado ni aletargado.

- Sostiene su cabeza con normalidad y anda y corre sin cojear.
- No le tiembla la cabeza, ni tose o estornuda.
- El pelaje parece limpio y sano, sin heridas, costras, suciedad o pulgas. El pelo está lustroso, limpio y bien cepillado, sin calvas ni esteras.
- No hay descargas de los ojos, nariz u oídos. El tercer párpado, la membrana inicial, no cubre parte del ojo.
- Los dientes parecen limpios y sin sarro. Las encías son de color rosa salmón y no existen indicios de que sangren.
- El vientre esta firme y no distendido. No está ni muy duro ni muy blando.
- El ano está limpio y no hay signos visibles de diarrea o lombrices (que surgen del ano y son como granos de arroz).
- Los detalles de la dieta que sigue están disponibles.

Si no se siente capaz de realizar todas esas comprobaciones, lleve a alguien con usted que sí lo sea. Incluso si un cachorro de una camada tuviera algún problema, debería irse a elegir a otro lugar.

Una vez haya elegido uno, asegúrese de que el sexo es correcto.

Por último, pida un periodo de prueba de 10 a 14 días durante el cual su veterinario pueda realizarle un chequeo. Cualquier infección que esté incubando, se sabrá durante este tiempo.

ARRIBA: Los cachorros que no han tenido contacto con personas pueden resultar ariscos y poco sociables.
ARRIBA DERECHA: Si el gato levanta el rabo confía en usted y está dispuesto a interactuar.
FOTO SUPERIOR: Lleve a su gato al veterinario, ya que los ojos llorosos o la nariz pueden indicar algún problema.

Si ha comprado un gato o un cachorro de raza, asegúrese de que le entreguen todos los documentos de registro adecuados. Si una de las condiciones de compra es que debe castrar al gato o al cachorro, entonces es normal que el criador se quede con los papeles hasta que le lleve la prueba de que ya lo ha castrado.

¿Uno o dos?

Mucha gente sólo piensa en tener un gato o un cachorro pero no tiene en cuenta la posibilidad de llevarse dos. A veces, los gatos disfrutan de la soledad pero también son animales comunitarios y dos siempre se harán compañía mientras su dueño está fuera de casa.

Integrar una nueva mascota con otros animales

Antes de llevar un segundo o un tercer gato a su hogar, debería asegurarse de que ya conoce el comportamiento de los gatos, tanto territorial como agresivo, y los principios básicos de entrenamiento de un gato (ver pp. 61-71). Algunos gatos aceptarán un nuevo miembro, especialmente un cachorro al que no perciben como una amenaza, aunque otros no.

Puede facilitar su integración presentando al nuevo animal poco a poco a sus gatos, teniéndolo en una habitación aparte hasta que tomen confianza (sobre todo, si es un cachorro) y hasta que sus gatos se hayan acostumbrado a él.

FOTO SUPERIOR: A los gatos y a los cachorros no les gusta nada el agua pero, sin embargo, disfrutan acechando a sus habitantes.

El nuevo animal probablemente se sienta inseguro e incluso tenga miedo, ya que se encuentra en un territorio nuevo y poco familiar que, además, está ocupado y puede ser defendido por los habitantes felinos ya existentes. Alimentarlos por separado para evitar que compitan por la comida y preocuparse por los gatos que ya tenía es ideal para que no se sientan abandonados a causa del nuevo intruso.

Si ya tiene un perro, el proceso de introducción será el mismo que el que acabamos de describir: gradual y sin amenazas. De nuevo, el perro posiblemente acepte de inmediato al gato. A veces, las perras aceptan a los gatos y los consideran sus propios cachorros, hasta el punto de ofrecerles protección. Asegúrese de que le sigue prestando la misma atención que antes a su perro o incluso más, y prémielo por su buen comportamiento.

Integrar un gato con pájaros puede plantear algún problema. Si es un cachorro comprado a un criador, posiblemente nunca haya experimentado el estímulo que provoca un pájaro. Aunque su instinto cazador o juguetón puede hacerle reaccionar, será muy fácil acostumbrar a su gato a que ignore al pájaro o incluso que lo vea como un compañero. Sin embargo, si es un cachorro de un gato doméstico que ha tenido tiempo de enseñar a sus cachorros que los pájaros son presas o es un gato adulto que ya ha aprendido a cazar pájaros, tendrá una tarea más difícil en sus manos. Si se encuentra con ese problema, consulte con su veterinario.

ARRIBA: Las perras pueden estar dispuestas a aceptar y adoptar a los cachorros en un hogar.
FOTO SUPERIOR IZQUIERDA Y DERECHA: Los peces de colores y los pequeños mamíferos que se tienen como mascotas deben estar protegidos del gato familiar; asegúrese de que sus peceras son seguras y evite mantenerlos en espacios abiertos.

Los peces de colores son otros de los animales que pueden verse amenazados ante la llegada de un gato. Si los tiene en un acuario con una tapa de cristal y luz artificial estarán a salvo, pero si están expuestos a un gato inquisitivo puede provocar una reacción no deseada. Los peces que vivan en un vivero al aire libre están expuestos a captar la atención del gato; en ese caso, deberá enseñar a su gato que no debe tocarlos. Las medidas de protección incluyen barreras físicas como redes, así como la instalación de plantas acuáticas como el nenúfar, donde el pez se esconderá bajo sus hojas.

Acostumbrar al gato a los niños

Si tiene un bebé, seguro que prefiere protegerlo del gato. Asegúrese de que el gato no pueda saltar a la cuna del bebé porque es muy peligroso, ya que puede arañarle la cara o tumbarse encima y asfixiarle.

Los niños pequeños pueden causar problemas a un gato, porque siempre quieren agarrar al animal de una manera incómoda, por no decir dolorosa. Deberá educar tanto a su hijo como a su gato, para asegurarse de que ambos disfrutan al máximo el uno del otro.

Lo mismo para los niños más mayores, sobre todo si es la primera mascota que tienen. Deben saber cómo se siente el nuevo miembro, y la importancia de mantenerlo lejos del estrés y dejarlo algún tiempo a solas. Los niños tienen las mismas necesidades, y no será muy difícil para ellos aprender a tratar al nuevo gato como uno más, y no como a un objeto.

ARRIBA: Cuando elija una nueva mascota, intente ver la camada completa en casa. Aunque la más pequeña parezca la más mona, probablemente sea la más débil y enfermiza. Cuanto más fuerte y más grande sea una mascota, mejor.

LOS CUIDADOS DE SU GATO

Gato nuevo, casa nueva

Todos los gatos deberían vivir en la casa de un dueño cuidadoso y bien informado, pero a muchos gatos les dejan que se valgan por sí mismos o les tratan como objetos dispensables que pueden abandonar en caso de que el dueño cambie de casa. Si el hecho de tener un gato lo percibe como un privilegio y no como un derecho, entonces será más fácil crear una relación de felicidad y satisfacción mutua que ya muchos han probado.

No olvide que el temperamento de su gato, su disfrute de vida, salud y bienestar también dependen de cómo usted y su familia lo traten. Si lo tratan bien, su gato le aportará felicidad, afecto y lealtad. Muchos gatos esperan con anhelo el regreso de sus dueños a casa al final del día. Algunos acompañarán a su dueño a pasear por la tarde. Algunos hasta demuestran su afecto llevando a casa a su presa y presentándosela a su persona favorita. Sí, lo crean o no, los gatos son leales a su dueño.

ARRIBA: Cuando agarre a un gato, ponga siempre una mano bajo sus cuartos traseros para aguantar su peso.

FOTO SUPERIOR: Un gato de pelo largo puede ser suave y atractivo pero necesita cepillarlo a diario, veinte minutos una vez al día, para que su pelaje no se deslustre.

La cama y el colchón de un gato

Existe una gran variedad de camas de plástico o de madera, canastos de mimbre o bolsas rellenas de colchón, todas de lana lavable o de mantas sintéticas.

Si quiere algo barato pero efectivo, una caja de cartón vieja con una parte recortada que haga de entrada será lo apropiado. Forre la caja con papel de periódico y coloque un trozo de manta encima del papel. Deberá tener en cuenta que una caja de cartón no puede limpiarse bien con lo que deberá renovarla cada cierto tiempo.

Coloque la cama en un lugar tranquilo, en una esquina aislada del recorrido familiar para que el gato disfrute de privacidad cuando así lo desee. Si tiene una habitación libre, préstesela a su gato durante una o dos semanas hasta que se haya acostumbrado a su hogar y sus actividades.

El cajón de la arena y la arena de su gato

Lo más importante, es que el cajón de la arena de un gato sea fácil de limpiar. Algunos llevan bolsas, aunque los periódicos harían la misma función si bien deberían cambiarse con cierta frecuencia para evitar el olor. Lo mejor es utilizar arena comercial, que tenga arcilla absorbente o tierra de batán, sustancias que absorben el olor de la orina y las heces. También puede usar arena echa de corteza, pero no es muy efectiva.

Coloque el cajón de arena en una esquina tranquila, bien lejos de la cama del gato y de su comida: su gato no querrá hacer sus necesidades cerca de donde come.

Sus cubiertos para comer

Los platos de la comida y el agua deben ser lavables o desechables. Puede usar platos de plástico de usar y tirar o algún tipo de recipiente de plástico o de porcelana. Los platos de plástico para la comida seca y el agua son ideales cuando el gato o el cachorro han aprendido a usarlos. Cualquiera que sea el tipo de plato que elija, es importante fregarlo y cambiarlo con regularidad.

Aseo

El equipo básico comprende un cepillo de dos caras así como un peine grueso y de buena calidad. Si su gato es de pelaje largo, necesitará un equipo adicional, como un par de

FOTO SUPERIOR: Aunque a su gato le guste dormir en su cama o en una silla, es importante que tenga su propia cama que le proporcione seguridad, sobre todo cuando se sienta enfermo o inseguro.

gatos generalmente les gustan los juguetes suaves que puedan atrapar con sus garras: los de plástico duro son frustrantes, aunque las bolas que ruedan les ofrecen la oportunidad de cazar y algunos gatos parece que disfrutan del reto de tener que atraparlas.

Los juguetes que estimulan visual o acústicamente también son útiles; busque las varas de colores brillantes que suelen utilizar los criadores para conseguir que sus gatos les miren animados ante el juez o los fotógrafos de animales para captar ese atractivo retrato.

Sea cual sea el juguete que compre, asegúrese de que no contiene piezas de metal o de plástico pequeñas que pueda masticar y tragarse.

En realidad, no tiene que gastarse mucho dinero en juguetes. Bolas de papel de periódico o trapos atados a una cuerda o hilo le servirán para jugar, aunque muchos gatos se aburren de los juguetes cuando los consideran artificiales. Un trozo de piel o una pluma es lo más estimulante, aunque en las garras de un gato ágil, no van a durar mucho tiempo.

tijeras sin punta para cortarle el pelo cuando ya esté deslustrado. Si es un buen estilista, tenga a su alcance un trapo de piel para abrillantar el pelo corto de su gato.

El collar

Si quiere que su gato lleve un collar con una placa de identidad o un cascabel para avisar a los pájaros del jardín de su presencia, póngaselo una vez se haya acostumbrado a su nuevo hogar.

El collar debe llevar un trozo de tela elástica para evitar que se enganche y se ahogue.

Los juguetes

En tiendas de animales o supermercados encontrará una amplia gama de juguetes para gatos, como pelotas de goma o de plástico. A los

Un lugar para afilarse

El hecho de afilarse las uñas, cuando las usan para arañar objetos, no es exclusivo de los gatos domésticos: los leones, tigres, leopardos y muchos otros felinos pasan por la misma rutina. Afilarse las uñas tiene dos funciones. Una es territorial y la marca de las uñas podría ser descrito como el «grafitti del gato». Los arañazos son una marca visual de que otro gato es el dueño o visita esa parte del territorio. El rastro que dejan en el objeto, las glándulas de las patas, refuerza la señal e identifica al individuo que la dejó.

ARRIBA: Vigile que el juguete de su gato no contenga piezas pequeñas de metal que pueda masticar, morder o tragar.

FOTO SUPERIOR: Un cepillo para cada tipo de pelaje: de goma, de alambre quebradizo y peines finos y de púas separadas.

La segunda función de afilarse las uñas es cosmética, ya que la acción de arañar ayuda a desechar las capas muertas de la proteína queratina de la superficie de las uñas y así se mantienen afiladas y listas para su funcionamiento.

La necesidad innata de afilarse puede suponer un problema para algunos gatos, sobre todo si no tienen un objeto apropiado para hacerlo, como un rascador.

Puede comprar un rascador ya hecho, pero es muy fácil de hacer con una madera blanda como el pino, cubriéndola con trozos de alfombra, trapos gordos o corteza. El rascador debe tener una base pesada para evitar que se caiga en caso de que el gato arañe con mucha fuerza.

Incluso cuando el rascador ya está hecho, la mejor habitación puede ser la más atractiva; necesitará paciencia y su gato adiestramiento (ver pp. 69-70). Al principio, el rascador debería ponerlo al lado de un mueble, protegiendo éste último para disuadir al gato y evitar males mayores. El olor que desprenda mientras que se araña, se quedará en el mueble y deberá retirarlo con un agente desodorante o un spray repelente. Podrá ir cambiando de sitio el rascador hasta llegar a un lugar de mutuo acuerdo.

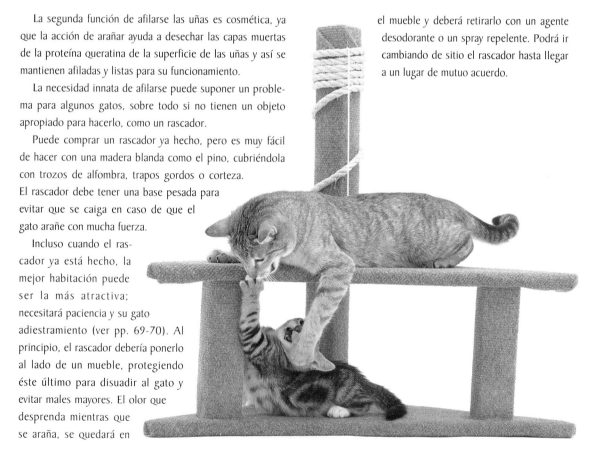

ARRIBA: Enseñe a su gato a usar el rascador lo antes posible, será muy difícil que dejen de utilizar el mueble una vez que han estado rascando ahí durante años.

FOTO SUPERIOR: Los leones y los gatos domésticos marcan su territorio con arañazos en diferentes objetos.

La puerta del gato

Si deja que su gato entre y salga al patio, le recomendamos una puerta para él. Un posible inconveniente puede ser que los gatos vecinos podrían aprender a utilizarla, hacer visitas inesperadas y molestas o comerse la comida de su gato.

Para evitar este problema, puede comprar una puerta sofisticada que su gato pueda abrir y cerrar con el sistema electrónico de su collar.

Un cajón

El cajón no es imprescindible, pero es muy útil. Hay varios tipos, desde diseños plegables que no se pueden limpiar y no suelen durar mucho, hasta los modelos permanentes de plástico con tapas de alambre o con agujeros para que entre el aire y puerta delantera.

La llegada a casa con su nuevo gato

Si lleva un cachorro a casa, seguro que acaba de separarlo de su madre y sus hermanos y esa compañía deberá remplazarse por otra. Uno o más miembros de la familia deberían suplir esa compañía en el mayor tiempo posible. Eso significa muchos mimos por gente responsable, pero sólo cuando el cachorro los quiera. Cójalo con cuidado, y restrinja el número de veces en cogerlo, sobre todo cuando se trate de niños. Si lleva más de un cachorro a casa, se harán compañía el uno al otro.

Introduzca las nuevas experiencias gradualmente, y no asuste a su cachorro o gato con gritos o ruidos repentinos. Tras varios días, se adaptará a las costumbres y sonidos de su hogar.

ARRIBA: Un buen cajón debe ser fuerte y resistente, bien ventilado y fácil de transportar y limpiar.
FOTO SUPERIOR: La puerta de su gato debería estar a 6 cm del umbral para que su gato tenga que dar un paso a través de ella.

La comida y el agua

Los primeros días en casa, debería darle a su gato la misma comida que le daba su dueño anterior. Después, si quiere, puede ir dándole una dieta diferente durante cuatro días, cambiando un cuarto más o menos de su dieta de siempre con la misma cantidad de la nueva todos los días.

Vigile que el agua siempre esté fresca y limpia. Esto es más importante aún si su gato se alimenta en gran medida de pienso.

Seguridad

Cuando prepare la llegada del cachorro, piense en la seguridad de la casa, como si fuera un niño pequeño.

- Mantenga cerrados todos los medicamentos y venenos. Aunque los cachorros de gato son menos inquisitivos que los cachorros de perro y es mucho menos probable que ingieran sustancias venenosas, es mejor prevenir.
- Asegúrese de que no existen cables eléctricos deshilachados o desnudos que el cachorro pueda masticar.

- Sea consciente del peligro que suponen algunas plantas comunes de jardín.
- No olvide que las chispas de una hoguera o las cenizas de un cigarro pueden quemarle los ojos o el pelaje.
- Si alguien está utilizando un cortacésped, una bici, un patinete, o artículos similares, tenerle bien vigilado.
- Compruebe su posición antes de mover un coche.
- Asegúrese de que el cachorro no pueda saltar la valla que rodea la piscina.

Enfermedades que puede contagiarle su gato

Algunas infecciones de gatos, como las lombrices *Toxocara cati*, tiña, taxoplasmosis pueden contraerlas los seres humanos. Y si su gato le araña, puede subirle la fiebre. (Para más detalles, ver las pp. 84-95). Explíquele el riesgo a todos los miembros de la familia e insista en la higiene básica como el lavado frecuente de las manos y la cura inmediata de las heridas. Cualquier herida profunda que le haga su gato, debería verla un médico.

ARRIBA: El territorio es muy importante para los gatos y las ventanas hacen de posición estratégica para que un gato mida su propiedad.

Reglas de la casa

Como miembro de la familia, su cachorro o gato debe aprender cuál es su lugar. Como los gatos son más independientes y solitarios que los perros, les cuesta adaptarse a un orden. Sin embargo, aprenderán a obedecer instrucciones y a aceptar que los miembros de la familia son los que mandan.

Enséñele a su gato las reglas básicas de la casa, por ejemplo, que no debe saltar a la encimera o a la mesa de comer, que no debe pedir en la mesa y que no puede ir siempre a lo suyo.

El aseo

En general, los gatos son animales limpios y si ha puesto a su disposición un cajón con arena, situado lejos de su comida, un gato adulto pronto aprenderá a utilizarlo. A los cachorros hay que enseñarles cómo utilizar el cajón, y puede hacerlo metiéndolo dentro cuando parezca que tiene ganas de evacuar. Incluso es mejor anticiparles cuándo podrían hacerlo. Las necesidades surgen casi siempre después de andar y de comer, y si pone al cachorro en el cajón en esos momentos, pronto aprenderá a utilizarlo por sí solo.

Territorio

Su nuevo gato o cachorro necesita saber la extensión de su territorio, llegar a acuerdos con los gatos vecinos y conocer a qué gato pertenece qué.

Empiece por tener a su gato encerrado en casa (en una habitación, si es necesario) hasta que se sienta seguro. Después, déjele salir fuera. Intente que establezca su propio territorio y se relacione con los gatos vecinos. Posiblemente, algunos sigan mirando su jardín o patio como si fuera su terreno y les moleste la presencia del nuevo inquilino. Debe ser capaz de ayudar a su gato a establecer y defender su territorio desalentando a los intrusos, pero muchas veces una solución mejor y más duradera es dejar que los gatos resuelvan el problema por sí mismos. Posiblemente escuchará muchos ruidos durante algún tiempo, pero al cabo de unos días habrá menos o casi ninguna pelea.

Vacunas

La edad a la que un cachorro debe empezar a vacunarse contra las enfermedades virales comunes como las pulgas y los resoplidos se establece entre las nueve y las doce semanas, aunque, excepcionalmente, la primera vacuna puede efectuarse a las seis semanas.

Si ha comprado un gato de raza, seguro que ya ha completado su primera dosis de vacunas, y un gato adulto rescatado de un centro de protección debería asimismo haber sido vacunado. A veces, se les pone una vacuna de refuerzo para prevenir la leucemia. Consulte a su veterinario para saber qué vacunas son necesarias en su zona.

ARRIBA Y FOTO SUPERIOR: Los gatos marcan su territorio clavando las uñas en muebles o en el papel de la pared o restregando la cabeza y la cara contra un objeto, depositando así el olor de sus glándulas sebáceas.

Castrar

Los gatos castrados de cualquier sexo son las mejores mascotas. Desgraciadamente, hay miles de gatos abandonados sin hogar, así que, al menos que esté criando gatos de raza, por favor, no aumente ese número.

Pregunte a su veterinario la mejor edad para castrarle. La mayoría de los veterinarios recomiendan que las hembras se operen a las 24-30 semanas, antes de que comiencen su primer estro (que es «llegar a la estación»). La edad media para el estro son los seis meses, pero algunos gatos de raza precoces como el siamés pueden empezar a «llamar» a los cuatro meses y medio. Otros gatos no experimentan su primer estro hasta los nueve meses o más.

A los machos se les puede castrar desde las dieciséis semanas, pero muchos veterinarios prefieren dejarlos hasta que tienen seis meses. Creen que esto les permite el desarrollo de la uretra durante más tiempo que va por la vejiga hasta el pene, y así reducen las probabilidades de bloqueo que causa lo que se conoce como síndrome urólogo del gato (FUS). Los machos deberían castrarse a los nueve meses antes de que hayan desarrollado por completo sus características de macho, aprendido a deambular y empezado a pelear.

Lombrices

Los cachorros y los gatos pueden llegar a infectarse por varios tipos de lombrices. Cuando adquiera a su gato, puede que ya tenga lombrices. En ese caso, necesitará un tratamiento. Sea como sea, en cuanto tenga el gato en sus manos, debe hablar con su veterinario sobre las lombrices más comunes en su zona, qué tratamientos son los más recomendables, y con qué frecuencia debería usarlos (ver pp. 93-95).

Control de las pulgas

Las pulgas son un problema habitual y su cachorro o gato debería haber sido desparasitado y librado de ellas antes de dejarlo en sus manos. Sin embargo, necesitará un tratamiento regular contra ellas (ver p. 92).

Ejercicio

Los cachorros y los gatos suelen ejercitarse a sí mismos, y usted contribuirá cuando se vea implicado en sus juegos. Si su gato se vuelve vago, tendrá que provocarlo para que juegue.

Adiestramiento

El adiestramiento básico de los gatos incluye enseñarles dónde hacer sus necesidades y obligarles a obedecer las normas de la casa. También es útil acostumbrarlo a ir a su cajón y a formar parte de usted. Si necesita llevarlo al veterinario o a una feria, no debería ser incómodo ni agobiante. Este tipo de adiestramiento es sobre todo importante si su gato es nervioso o tímido.

ARRIBA: Aun siendo criaturas solitarias, disfrutan con la compañía de otros gatos, sobre todo si se han criado juntos.
FOTO SUPERIOR: Los gatos están dotados de un sentido del equilibrio excepcional y suelen aterrizar sobre sus patas.

Primero, debe acostumbrarle a permanecer en el cajón. Al principio, déjelo dentro del cajón en una de sus habitaciones durante unos minutos y al salir, prémielo con comida o con mimos. Alargue el tiempo hasta que aguante una hora dentro.

Después, métalo en el cajón, sáquelo fuera y colóquelo en un coche aparcado en un lugar tranquilo. Asegúrese de que la ventilación es adecuada. Deje al gato ahí durante un tiempo y después sáquelo. Tranquilícelo y déle un premio.

Alargue poco a poco el tiempo de permanencia en el coche. Por último, si tiene un amigo o un vecino, déjelo en el cajón con ellos durante cortos periodos de tiempo. Esto hará que su gato se acostumbre a estar sin usted y que aprenda que pronto regresará.

A los gatos se les puede enseñar (otras veces aprenden por sí mismos) trucos sencillos como empujar un picaporte para abrir una puerta. Si ve anuncios de comida de gatos, vídeos o películas, se dará cuenta de que se pueden adiestrar los gatos para que actúen, pero esta es una tarea especializada en la que usted no estará involucrado. Si desea hacerlo, necesitará los consejos de algún experto. Para más información sobre adiestramiento y comportamiento consulte las páginas 61-71.

Los dientes

Entre las catorce semanas y los seis meses, su gato cambiará los dientes de leche por los definitivos. Normalmente, el cambio comienza con los incisivos, siguiendo con los premolares, los molares y los caninos.

Su gato pasará por este proceso sin que usted lo perciba, y no necesitará ningún cambio especial en su dieta. Si nota que tiene algún problema al comer, póngale comida más blanda. Si esto no resuelve el problema, consulte a su veterinario.

La higiene dental

A los gatos, igual que a los seres humanos, una dieta que incluya mucha comida seca y fácil de masticar le ayudará a mantener sus dientes limpios y las encías sanas. Sin embargo, el sarro puede empezar a acumularse en los dientes, sobre todo cuando el gato se va haciendo mayor. En ese caso, debería pasar una revisión cada cierto tiempo.

El aseo

Los gatos se lamen a sí mismos no sólo para mantener su pelo limpio sino también para regular su temperatura corporal. Al tener la capa del pelaje tan fina, las glándulas del sudor no son tan eficientes como las de los seres humanos. En verano o después de una actividad agotadora, un gato no puede perder el calor suficiente mediante este método, así que lo compensan introduciendo saliva en su pelaje: la saliva se evapora y ayuda a mantener el frescor en el gato. Esto explica por qué los gatos se lamen más después de haber estado al sol o de haber realizado ejercicio, como jugar o cazar.

Al lamerse, también estimulan las glándulas sebáceas de la piel. Éstas segregan un fluido graso que ayuda a mantener el pelo del gato impermeable; el fluido también contiene una pequeña cantidad de vitamina D, que los gatos ingieren después.

ARRIBA: La paciencia y la práctica podrían persuadir al siamés, al birmano o al ruso azul a pasear con una correa.

DERECHA: Al lamerse, el gato mantiene su pelo lustroso y limpio, y además estimula la circulación de la sangre.

La mayoría de los gatos no necesitan ayuda alguna de sus dueños para asearse. Algunos son perezosos y no se lavan lo suficiente. Si lo desea, puede estimular a su gato extendiendo un poco de mantequilla por su pelo.

Algunos gatos no pueden lavarse bien porque tienen el pelo muy largo o porque son ya demasiado mayores. En ese caso, tendrá que lavar a su gato regularmente.

El cepillado

Acostumbre a su gato a que lo laven o lo cepillen. Programe una rutina diaria en la que coloque a su gato en una superficie antideslizante (un trozo de alfombra o algo parecido) encima de una mesa y túmbelo para examinar bien su boca, dientes, orejas, abdomen y patas.

Aunque quizás no necesite un baño, hágalo igualmente. Así lo acostumbrará y podrá detectar antes las pulgas o cualquier problema sebáceo. Intente que cada sesión sea agradable para él, acarícielo y recompénselo por su buen comportamiento. Su bolsa de aseo básica debería incluir un cepillo, un guante (manopla), una esponja, bastoncillos, una toalla, una tijeras sin punta y si lo desea un cortaúñas. Existen varios tipos de peines: unos con las púas separadas, apropiados para gatos de pelaje largo y piel delicada; otros, con las púas de varias medidas, y otros sólo con cinco púas (los peines para las pulgas). También hay un modelo especial con las púas de metal, apropiado para retirar los pelos sueltos de gatos de pelaje fino, así como un cepillo «de profesional» para peinar la cola, sobre todo antes de una exposición.

Cuando peine a un gato de pelo largo, preste especial atención al pelo de la cola y de las patas. Puede encontrar pelo apelmazado en partes donde el gato no llega a lamerse, como el interior de los codos y el abdomen llegando a las nalgas. Revise también las patas, las uñas y las almohadillas. A los gatos de pelo lago puede crecerles el pelo más allá del nivel de las patas. Si es así, córtelo con unas tijeras curvadas sin punta. Mire también debajo de la cola, límpiele en caso de haber desechos y córtele todo el pelo sobrante.

Utilice una bola de lana de algodón húmeda para despejar a su gato.

ARRIBA: Cuando esté aseando a su gato, es importante que lo coloque en una superficie antideslizante, como este trozo de alfombra.

Especialistas en el aseo de los gatos

Muchos gatos de raza y sobre todo los del pelo largo necesitan un aseo considerable. Si sabe cómo hacerlo y dispone de tiempo, lo puede hacer usted mismo. Si no, puede encargárselo a un experto.

Si quiere aprender a asear a su gato, pregúntele al especialista más cercano o a su veterinario sobre escuelas y cursos para el aseo de los gatos.

El baño

Si lleva a cabo un aseo frecuente, sólo tendrá que bañar a su gato si se ensucia, si huele mal o antes de ir a una exposición.

Cepille a su gato siempre antes de bañarlo. Utilice agua templada, que les resulta más agradable y un champú para gatos apropiado. No deje que le entre champú en los ojos ni en la boca. Frote en profundidad, sobre todo en las zonas entre las patas traseras y delanteras.

Los gatos tienen frío en cuanto se les moja, así que asegúrese de secarlo bien después con su propia toalla especial. Si prefiere utilizar un secador, introduzca sus dedos entre el pelo mientras lo esté secando para comprobar que el aire no sale demasiado caliente.

Las uñas

Las uñas de los gatos, como las de los seres humanos, crecen continuamente. El hecho de afilarse, es suficiente para que se mantengan en el tamaño adecuado. Pero en algunos casos, tendrá que cortarle las uñas con un cortaúñas. Quizás prefiera hacerlo usted o llevarlo a una clínica veterinaria.

ARRIBA: Cuando un gato araña un árbol, la funda de una uña vieja podría desprenderse y quedarse clavada en la corteza.
FOTO SUPERIOR: Algunos gatos toleran el baño, sobre todo si se les trata con delicadeza y cuando son todavía cachorros. Tenga cuidado y seque a su gato muy bien después, ya que se resfrían con mucha facilidad.

Viajar con su gato

Cuando saque a su gato de casa, asegúrese de ponerle un collar elástico con una placa en la que indique su nombre y su número de teléfono o un chip de identificación electrónico (un método barato, efectivo y cada vez más utilizado para seguirle la pista a su gato).

En el coche

A ser posible, adiestre a su gato desde pequeño para que esté acostumbrado a viajar. Si se acostumbra desde pequeño, perderá el miedo y habrá menos probabilidad de que se maree.

No permita que su gato tenga plena libertad en un coche. Puede distraer al conductor y provocar un accidente, además de correr riesgo de herirse en el caso de que ocurriera. Así que por su propia seguridad, el gato debe viajar siempre en un cajón de plástico o de metal, sujeto con los cinturones de seguridad como medida de precaución en caso de accidente.

Si su gato va a viajar con frecuencia, cuanto antes le acostumbre mejor. El cajón de viaje termina formando parte de su territorio y se sentirá cómodo dentro y dispuesto a ocupar su sitio. La gente que normalmente usa estos cajones son personas que enseñan a sus gatos y se preocupan por proporcionar seguridad, confianza y espacio personal a su acompañante felino. Una vez su gato se acostumbre, el cajón podrá acompañarle donde quiera que vaya, proporcionándole una «casa desde casa».

Si debe dejar a su gato en el coche, asegúrese de que el coche esté aparcado en la sombra y con ventilación adecuada. Al sol, la temperatura dentro de un coche cerrado puede superar rápidamente los 40 °C y le cau-

ARRIBA Y FOTO SUPERIOR: Muchos gatos aprenden a viajar si empiezan a hacerlo desde pequeños. Si su viaje va a durar más de una hora, deténgase de vez en cuando para que su gato coma, beba y haga sus necesidades.

saría una insolación rápidamente. No crea que si aparca el coche a la sombra, estará así todo el tiempo: el sol se mueve y de repente el coche puede estar expuesto completamente al sol. Se pueden fijar pantallas especiales para abrir las ventanas y proporcionar al coche la seguridad y ventilación necesarias.

Durante las vacaciones

Asegúrese de que las vacunas de su gato están al día, ya que la incidencia de enfermedades infecciosas puede aumentar en su lugar de vacaciones. Diferentes tipos de parásitos externos, como garrapatas, pueden estar presentes así que cepille a su gato todos los días y revise que su pelo está libre de estos parásitos.

Si va a estar en un lugar fijo, tome nota de la clínica veterinaria más cercana.

En autobús, tren o avión

Si va a utilizar algún tipo de transporte, posiblemente le digan que su gato debe viajar por separado en un cajón. Esta puede ser una experiencia temible para un gato que no está acostumbrado al cajón, por tanto anticipe acontecimientos y adiestre a su gato para que se sienta seguro en su propio asiento, con sus juguetes y trapos.

No alimente a su gato durante las seis horas previas al viaje. Si cree que se va a marear, pídale consejo a su veterinario.

Viajar de un país a otro

Cuando viaje de un país a otro, se le exigirá no sólo su documentación sino también la de su gato. Las normas cambian, así que compruebe las normas vigentes del país al que tiene pensado viajar. Seguro que necesitará un certificado de su veterinario que confirme que su gato está listo para viajar y que no padece ninguna enfermedad contagiosa ni infecciosa. También necesitará el certificado actualizado de las vacunas de su gato. Muchos países exigen que estos certificados estén traducidos a su idioma.

En muchos países la rabia es inexistente, como Reino Unido y algunos países de Europa. Algunas islas, como Hawai, Australia y Nueva Zelanda, también están exentas de la rabia. Otros países exigen que su gato esté en cuarentena antes de su entrada; otros permitirán su entrada con la condición de que se cumplan unas condiciones, como un microchip de identificación y un análisis de sangre (consulte el plan de viajes de las mascotas, más adelante).

Cuando planee un viaje, póngase en contacto con la embajada o con el consulado de su país de destino. También puede encontrar información en Internet.

Si un viaje al extranjero implica que se tenga que separar de su gato, lleve a cabo los procedimientos de adiestramiento recomendados para viajar en autobús, tren o avión (véase apartado anterior).

El plan de viaje de sus mascotas

En febrero de 2000, en Reino Unido, se inició un plan piloto de pasaportes de mascotas. Según este plan, los gatos y los perros pueden viajar desde las Islas Británicas a países específicos de Europa occidental y volver a casa sin tener que pasar seis meses en cuarentena antes de su vuelta. Según este plan de viaje, los dueños deben usar determinados cajones y puertas de embarque y no pueden importar una mascota desde un barco privado o un avión.

Los gatos y los perros que residen en algún país europeo que participe en el plan, también podrán entrar en las Islas Británicas. Cuando se realizó el plan, los países participantes fueron Alemania, Andorra, Australia (perro guía únicamente), Austria, Bélgica, Dinamarca, España, Finlandia, Francia, Grecia, Islandia, Italia, Liechtenstein, Luxemburgo, Mónaco, Noruega, Nueva Zelanda (sólo perros guía), Países Bajos, Portugal, San Marino, Suecia y Suiza.

FOTO SUPERIOR: Viajar al otro lado del mar con su gato implica mucha organización; además, preste atención a que lleva el cajón que requiere la ley para llevar a su animal.

Los gatos residentes en las islas Británicas

Para estar cualificado para tener pasaporte, un gato residente en las islas Británicas debe llevar un microchip cutáneo de identificación. Cuando su gato tenga tres meses, un veterinario titulado deberá vacunarlo contra la rabia. Pasado un tiempo desde la última vacuna (30 días es suficiente), el veterinario le extraerá una muestra de sangre y la enviará a uno de los laboratorios reconocidos por el gobierno. Cuando la muestra de sangre pase la prueba, se efectuará un certificado de salud o un pasaporte sellados.

Entre 24 y 48 horas antes de volver al Reino Unido, debe poner bajo tratamiento a su gato contra cualquier tipo de lombriz o garrapata y el veterinario empleado por el gobierno realizará un certificado de salud.

No basta con que vacune a su gato contra la rabia, se le exigirán más vacunas todos los años.

Gatos residentes en los países europeos participantes

Los animales que residan en países europeos podrán entrar en Reino Unido si siguen las mismas normas. Sin embargo, sus dueños deben esperar seis meses a partir de la extracción de sangre.

Gatos residentes en Estados Unidos y Canadá

Dado que en América del Norte, la rabia es endémica, el plan de viaje original de las mascotas no permitía la entrada a gatos de esa región. Cuando se redactó, estos gatos debían pasar seis meses de cuarentena en Reino Unido. Pero esta situación se revisará cuando el éxito del plan inicial se haya comprobado.

Gatos residentes en islas exentas de rabia

Si sale bien, el plan se irá extendiendo poco a poco. Si las autoridades veterinarias y los pilotos de los aviones están de acuerdo, los gatos y los perros podrán viajar entre Reino Unido y las islas mencionadas que no padecen la rabia.

El lugar de viaje de su gato

La mayoría de los gatos se adaptan muy pronto a su lugar de viaje. Los lugares estándar varían y normalmente (aunque no siempre) se tiene lo que se paga, por tanto cuanto más caras sean las tasas, mejor será la calidad de confort y el servicio.

Un alojamiento aconsejable es el que le permita echar un vistazo a sus servicios de antemano. Si lo hace, fíjese en cómo se comportan los gatos que ya están allí y hable con el personal sobre la alimentación, el aseo y los ejercicios rutinarios.

El personal de su clínica veterinaria sabrá aconsejarle sobre un alojamiento adecuado y sobre los procedimientos de vacunación. Los alojamientos de buena fama exigen que sus pasajeros tengan en regla todos los certificados de vacunas contra las enfermedades infecciosas más comunes.

Canguros de gatos

Si no le gusta la idea de que su gato viaje, puede contratar a una canguro o asistenta que cuide de su casa y de su gato mientras usted está fuera. Su veterinario le proporcionará algunos contactos.

ARRIBA: Antes de reservar un billete para su gato, visite su alojamiento y compruebe que es un lugar limpio y espacioso.

NUTRICIÓN
Una dieta equilibrada

Como todos los animales, el gato doméstico necesita una dieta equilibrada que contenga todos los nutrientes esenciales en cantidades adecuadas. Estos nutrientes son agua, proteínas, grasas, hidratos de carbono, minerales y vitaminas.

Los miembros salvajes de la familia del gato (*Felidae*) como el león, el tigre, el guepardo y el gato salvaje europeo son carnívoros. Cazan entre ellos y matan una amplia gama de animales, de todos los tamaños, desde pájaros pequeños a grandes antílopes. No sólo se comen la carne o los músculos de sus presas, sino que se comen todo o casi todo, incluida la piel, el pelo y los órganos internos como el hígado, el riñón o el intestino. Por tanto, su dieta contiene una cantidad importante de proteínas animales y les aporta, además, todos los nutrientes que necesitan.

Para estar sanos, los gatos domésticos necesitan también una dieta rica en proteínas animales debido a que requieren un aminoácido (uno de los bloques de construcción de proteínas) llamado taurino, que ayuda a prevenir enfermedades cardíacas y oculares. El taurino abunda en las proteínas animales, pero no es muy común en las proteínas vegetales.

Mientras los perros fabrican el aminoácido taurino con su cuerpo, los gatos sólo pueden fabricar poca cantidad que además es insuficiente para cubrir sus necesidades. A su vez, las proteínas vegetales tampoco pueden suplir esa carencia. Por tanto, el hecho de que un perro pueda estar sano con una dieta vegetariana equilibrada no significa que un gato pueda estarlo.

Por eso, los gatos se conocen como animales obligatoriamente carnívoros: deben comer proteínas animales para sobrevivir.

El agua

Es el factor más importante en la dieta de un gato. Mientras que un animal puede sobrevivir a una pérdida de la mitad de sus proteínas y grasas almacenadas, la pérdida de un 10% del total de agua corporal puede provocar una enfermedad grave y la pérdida de un 15% la muerte.

Los animales absorben el agua de tres maneras: bebiendo, comiendo alimentos que contienen agua, y fabricándola con su cuerpo durante algunos procesos químicos para transformar proteínas, grasas e hidratos de carbono en energía.

La cantidad diaria recomendada para un gato es exactamente la misma (en mililitros) que la energía que necesitan (en calorías), consulte la tabla en la página 47. Un gato sedentario necesita ingerir entre 65-70 ml de agua por cada kilogramo (2.2 lb) de peso corporal, mientras que un gato activo necesita alrededor de 85 ml (seis cucharadas soperas).

FOTO SUPERIOR: Al contrario que los leones, que cazan una amplia variedad de presas y se comen casi todas sus partes asegurándose así una dieta equilibrada, el gato doméstico depende de la comida que le proporcione su dueño.

ARRIBA: Este leopardo mantiene sus dientes y sus encías sanos masticando carne y huesos. Los gatos domésticos también necesitan masticar para mantener sana su dentadura, algo a tener en cuenta a la hora de decidir la dieta de su gato.

Las grasas

Las grasas y el aceite contienen unas sustancias llamadas ácidos grasos, algunos juegan un papel importante ya que ayudan a mantener ciertas funciones internas del cuerpo y una piel saludable. También actúan como portadores de vitaminas que absorben grasas como la A, la D, la E y la K. Las grasas son una fuente concentrada de energía (para un peso dado, las grasas proporcionan más del doble de calorías, hidratos de carbono o proteínas).

Si la dieta de un gato contiene más energía de la que el gato necesita, el exceso se convierte en grasa que se acumula en determinadas partes del cuerpo como debajo de la piel y alrededor de los intestinos. Este almacén de grasa actúa como un almacén de gasolina que puede utilizarse en épocas de necesidad.

Los hidratos de carbono

Se dan en las plantas e incluyen azúcares, almidón y celulosa. Hay varios tipos de azúcares, entre los que se encuentran la glucosa y la sacarosa, dos de los azúcares más simples y más fáciles de digerir. La leche de vaca contiene lactosa pero muchos gatos adultos son incapaces de digerir la lactosa y por eso en muchas tiendas de animales y supermercados verá leche para gatos sin lactosa o con muy poca. Para los gatos, uno de los recursos de hidratos de carbono más útil es el arroz.

Los minerales

Como otros animales, el gato necesita consumir diferentes tipos de minerales para asegurarse de que sus procesos corporales funcionan correctamente. Algunos los necesita en grandes cantidades y otros, conocidos como elementos trazados, en pequeñas cantidades. Dos de los más importantes son el calcio y el fósforo, que contribuyen al crecimiento de los huesos y los dientes. Los minerales juegan un papel importante en el crecimiento y la reconstrucción de ciertas partes del cuerpo como los músculos, los ligamentos, la piel, el pelo, la formación de glóbulos rojos y blancos y los procesos digestivos.

Las vitaminas

Algunas vitaminas son imprescindibles para el funcionamiento adecuado de los procesos corporales. Cuatro de ellas, la A, la D, la E y la K, son solubles en grasas, por tanto las grasas y los aceites proporcionan un buen recurso

Proteínas

Las proteínas se obtienen de animales (proteínas animales) y de plantas (proteínas vegetales). Existen muchos tipos distintos de proteínas y cada una contiene una combinación especial de aminoácidos, que proporcionan el material necesario para el crecimiento y la reconstrucción de tejidos corporales.

Las proteínas varían en su digestión. Las más digestivas son las que contienen la comida derivada de recursos animales, como la carne, los huevos o el queso. Las menos digestivas son las que contienen los alimentos derivados de plantas, como los cereales y las verduras. La mayoría de los gatos domésticos consumen una dieta rica en proteínas animales. También comen algunos alimentos vegetales, bien porque están en el estómago o en el intestino de su presa, o bien voluntariamente comiendo plantas específicas como hierba. No obstante, las proteínas vegetales son imprescindibles en la dieta de un gato doméstico.

Cuando un gato come hierba, lo hace para consumir fibra y ayudar a su digestión. Con frecuencia, el gato vomitará justo después, expulsando una bola de hierba mezclada con mucosa. Por eso, comer hierba puede resultar útil para deshacerse del exceso de mucosa que puede tener en su estómago.

dietético. Las vitaminas A y D juegan un papel fundamental en el crecimiento de los huesos. La vitamina E es importante para el correcto funcionamiento de los músculos, la vista y los procesos de reproducción. Las vitaminas del grupo B y la vitamina C son solubles en agua. Las vitaminas del grupo B tienen una variedad de funciones asociadas con el metabolismo de aminoácidos, grasas e hidratos de carbono. La vitamina C ayuda a la cicatrización de heridas, a la prevención de hemorragias de los pequeños vasos capilares y al mantenimiento de una piel sana (impidiendo el escorbuto). Los gatos, como los perros, pueden fabricar esta vitamina con su cuerpo, y a diferencia de los seres humanos, no necesitan la existencia de la vitamina C en su dieta.

La fibra

Derivada de materiales vegetales (suelen comerlos junto con su presa), la fibra no les aporta ningún nutriente pero tiene un papel muy importante en la digestión. Actúa como un agente depurativo, absorbe cualquier tóxico de los productos de los procesos digestivos, y aumenta el tamaño del pasaje de comida a través del intestino.

La energía

La energía se mide en calorías. No se clasifica como nutriente pero es el «combustible» que el gato obtiene a partir de las proteínas, las grasas y los hidratos de carbono que ingiere. Los gatos necesitan las calorías suficientes para completar sus necesidades de energía básicas, y esta cantidad depende de su tamaño y las circunstancias. Los gatos adultos no tienen una variedad tan amplia de tamaños y pesos como los perros adultos. Hay variaciones entre las razas y cada individuo, pero la mayoría de los gatos domésticos pesan entre 2,5 kg y 5,5 kg. Los gatos sedentarios necesitan menos energía que los gatos activos que pasan mucho tiempo fuera de casa. El uso de la energía varía según la temperatura ambiente, siendo mayor en temperaturas muy frías o

en los calurosos climas tropicales. En comparación, necesita más energía por cada Kilogramo de peso corporal una gata durante su embarazo y lactancia, que un cachorro cuando está creciendo o cualquier gato durante una enfermedad o estrés.

Dado el caso (por ejemplo, alimentarse de comida seca y/o libertad para cazar), algunos gatos se alimentarán poco y con frecuencia, ejercitarse a sí mismos y permanecer en un peso ideal. Otros comerán todo lo que les ofrezcan, y si su

Guía de las necesidades de energía de los gatos	
ACTIVIDAD	ENERGÍA APROXIMADA NECESITADA
	Kilocalorías por kilo (2,2 lb)
Sedentario	65-70
Activo	85
Gestación (últimas 3 semanas)	90-100
Lactancia	140-170 (dependiendo del número de gatos de la camada)
Crecimiento (hasta los 6 meses)	130
Crecimiento (6-12 meses)	100

dueño no controla su ingestión de energía, los gatos se volverán obesos rápidamente.

No es extraño que los gatos domésticos aumenten su peso en otoño e invierno y pierdan en verano. Esto seguro que refleja la situación en la selva, donde los animales almacenan comida durante el verano ya que en el invierno escasea. Cuando los gatos engordan demasiado y no pierden peso, suele ser el resultado de que comen demasiado, la falta de ejercicio o una mezcla de ambos. En este caso, la comida debe estar estrictamente controlada, porque el sobrepeso en los gatos, al igual que en las personas, puede derivar en problemas de salud.

ARRIBA: La mayoría de los gatos son disciplinados a la hora de comer y comen poco y con frecuencia. Sin embargo, algunos gatos ingieren toda la comida del plato, sin importarles la cantidad. Los dueños de esos gatos deben controlar la energía que ingiere su gato o de lo contrario, el gato acabará siendo obeso en poco tiempo.

por lo que es mejor alimentarlos con dietas comerciales preparadas especialmente para su situación. Ofrézcale la comida casera ocasional para marcar los cambios.

Dietas comerciales

Muchas dietas comerciales están formuladas para cubrir todas las necesidades de nutrición de su gato. Las formulan expertos en nutrición y veterinarios y son probadas y testadas en pruebas de alimentación controladas y aprobadas conjuntamente por la normativa internacional.

Existe una amplia gama de comida de gato comercial. Desde las comidas convencionales, más baratas, para el gato medio; comidas de primera, a menudo empaquetadas en pequeñas cantidades y que llaman la atención a los humanos (y a veces, aunque no siempre, al sentido del gusto del gato) y son más caras. Su gato puede tener la opción de tomar cordero, ternera, pollo, atún, sardinas o pescado, por nombrar algunas. Determinadas comidas contienen combinados, como pollo y ternera. El perfil nutricional de todos estos alimentos es muy similar. Sólo varía el contenido.

¿Comida preparada o casera?

La comida preparada es algo fácilmente disponible tanto para los gatos, como para las personas. Eche un vistazo en cualquier supermercado y encontrará una amplia gama de comida en bote, en bolsa o congelada. Hay comida especial para cachorros, para adultos y para gatos maduros. Muchas tiendas de animales y clínicas veterinarias venden varios tipos de «fórmula profesional», algunos para el mantenimiento diario y otros para problemas específicos de salud.

Cuando decida alimentar a su gato con comida preparada o con comida casera, debe tener en cuenta varios factores. Algunas dietas preparadas son completas y equilibradas, lo que significa que aportará a su gato todos los nutrientes que necesita. En cambio, hay menos garantía de que la dieta casera esté bien equilibrada.

También debe tener en cuenta los costes y la conveniencia. Muchas dietas preparadas son más caras que las caseras, pero estas últimas implican tiempo, pensar con detenimiento qué vamos a darle, preparación y almacenaje.

La mayoría de los dueños de gatos prefieren utilizar dietas comerciales de marcas conocidas y si lo desean, darle algunas sobras de comida casera de vez en cuando.

Las gatas preñadas, los cachorros, los gatos jóvenes en fase de crecimiento y los ancianos necesitan cuidados especiales en su alimentación,

ARRIBA: Como sus dueños, a los gatos les encanta comer, aunque a diferencia de las personas pueden llegar a perder el 40% de su peso y seguir vivos.

Las comidas comerciales pueden clasificarse según su contenido de humedad:

○ Comida húmeda de bote. Su contenido de humedad es del 78% (la misma que la carne fresca) y no necesita conservantes porque al cocinarla mueren todas las bacterias y el bote impide cualquier contaminación. Como no tienen conservantes, si no se consume rápido una vez abierto hay que guardarlo en el frigorífico.

○ Comidas semihúmedas. Su contenido de humedad es de un 30% y normalmente contienen conservantes. Algunas no necesitan frío. Se les da normalmente como algo especial.

○ Piensos (dieta completa). Su contenido de humedad es de un 10%, tienen conservantes y no necesitan frío. Son higiénicos, fáciles de guardar y disponibles para gatos de todas las edades.

Es imposible comparar el valor nutricional y monetario de todos los productos disponibles. Para saber si una comida comercial es totalmente equilibrada, lea la etiqueta. Tendría que haber alguna frase que dijera algo como «completa y equilibrada» y algunas etiquetas tienen el distintivo de que ese producto ha sido probado. Algunas fórmulas contienen proteínas vegetales texturizadas así como proteínas animales, ya que las texturizadas son más baratas.

A lo mejor su elección depende del precio, de cómo su gato se lo coma o del contenido de su etiqueta. La etiqueta normalmente contiene una lista de los principales ingredientes, y un análisis de ciertos nutrientes como las proteínas, las grasas y la sal.

Muchos fabricantes hacen una lista del contenido calórico de la comida, lo cual puede ayudarle a decidir la cantidad en cada toma; algunos indican la cantidad que debería darle con relación a su peso, fase de crecimiento y nivel de actividad.

Comidas de la clínica veterinaria y tiendas de animales

Numerosas compañías internacionales fabrican comida de gato conocidas como «fórmula profesional».

Sólo están disponibles en tiendas de animales y en la mayoría de las clínicas veterinarias y difieren de las marcas del supermercado en que sus constituyentes están garantizados. Esto significa que la comida de pollo, por ejemplo, siempre contiene una cantidad específica de pollo, no importa el coste de la carne a la hora de su producción. Los productos, además, no contienen las proteínas vegetales texturizadas de los productos del supermercado.

Otro tipo de comida que se vende sólo en las clínicas veterinarias son las dietas terapéuticas formuladas para combatir algún problema de salud, como alergias, desorden gastrointestinal, desorden intestinal, enfermedades del hígado y obesidad. Están a su disposición dietas especiales para gatas gestantes o en período de lactancia, para ayudar a los gatos tras una operación o un trauma y para aquellos que siguen un tratamiento contra el cáncer o la anemia.

Si desea información sobre alguna de estas dietas, consulte a su veterinario.

FOTO SUPERIOR IZQUIERDA Y DERECHA: Los botes de comida comercial contienen nutrientes equilibrados pero no ayudan a mantener los dientes y las encías sanos. Los piensos sí que ayudan a cubrir este problema.

Comidas caseras

Si desea preparar parte o toda la comida de su gato usted mismo y está seguro de que sabrá darle una dieta equilibrada con las cantidades adecuadas de proteínas animales, entonces puede hacerlo. Si su gato sale fuera de casa y caza ratones y pájaros, tendrá la suerte de que la comida que toma fuera de casa le aportará cualquier pequeña deficiencia de nutrientes que podría tener siguiendo una dieta de comida casera. Si sólo se alimenta de lo que usted le da, entonces debe asegurarse muy bien de que la dieta es equilibrada.

La proteína animal en la comida casera se deriva normalmente de la carne roja, el hígado, el intestino, el corazón, el pollo, el pescado y como mucho de la leche. No olvide que la comida casera destruye algunas vitaminas y cocinar demasiado reduce en gran parte su valor nutricional; por lo tanto, deberá añadir a la comida casera un suplemento con las cantidades y proporciones correctas de vitaminas, al igual que lo hacen los fabricantes de comida conocidos.

Los suplementos normalmente contienen calcio carbonado o harina de huesos (para crear el equilibrio correcto de calcio y fósforo), yodo y vitaminas A y D. Puede comprar suplementos formulados adecuadamente y varios preparados de hierbas en tiendas de animales o en clínicas veterinarias.

Antes de basar la alimentación de su gato en comidas caseras y/o utilizar cualquier suplemento, consulte a su veterinario. Los suplementos en exceso de vitaminas y minerales pueden provocar graves problemas de salud.

FOTO SUPERIOR: A los gatos les encanta comer hígado, aunque no es recomendable dárselo más de una vez por semana. Grandes cantidades de hígado pueden aportarle demasiada vitamina A y provocarle problemas óseos.

En ocasiones, añadir algún suplemento a una alimentación casera o a una dieta comercial puede ser necesario, según las condiciones de salud como el estrés, una enfermedad o la recuperación de postoperatorio. En esos casos debería consultar siempre a su veterinario para que le aconseje y recomiende un cambio a una de las dietas terapéuticas con fórmula.

Ingredientes de las comidas caseras

Incluso si decide que la alimentación comercial sea la base de la dieta de su gato, debería tener en cuenta alguna información útil como la que le explicamos a continuación.

Carne y productos derivados

Todos los tipos de carne roja y blanca aportan proteínas, vitaminas del grupo B, grasas y energía pero las cantidades relativas dependen del tipo de carne y también del corte.

Alimento	Proteínas (%)	Grasas (%)	Energía (calorías/100 g)
Ternera	20	15	220
Pollo (carne)	20	4,5	120
Pollo (cuello)	13,2	18	230
Pollo (piel)	16	17	223
Cordero	15	22	265
Hígado (buey)	20	3,8	140
Intestino (buey)	15	6,7	130
Corazón (buey)	17	3,6	108

El pollo es más digestivo que la carne roja. Todo tipo de carne y asaduras son deficientes en calcio y un poco menos pero también en fósforo, y la proporción de fósforo con respecto al calcio es excesiva y oscila desde 10:1 en el conejo y en el corazón de buey, hasta 30:1 en la ternera y 360:1 en el hígado fresco. La carne también es pobre en vitaminas A y D, yodo, cobre, magnesio y sodio, y necesita un suplemento que contenga los nutrientes ausentes, sobre todo el calcio si se pretende crear una dieta equilibrada. La carne cruda es más nutritiva, porque al cocinarla pierde gran parte de su vitamina B.

El hígado es un alimento valioso rico en proteínas, grasas, vitaminas solubles de grasas (A, D y E) y vitamina B. Al cocinarlo pierde su contenido de vitamina A pero no importa, ya que demasiada vitamina A puede dañar el crecimiento de los huesos. Como guía general, no deje que el hígado ocupe más de un 10% en la dieta.

Pescado

Principalmente, existen dos tipos de pescado. El pescado blanco, con una composición de nutrientes similar a la de la carne, contiene un 2% menos de grasas y no posee las vitaminas A, D, E y K.

El pescado graso como el atún contiene altos niveles de vitamina A y D y de ácidos grasos no saturados. Su consumo en exceso puede provocar una inflamación dolorosa de los depósitos de grasas que están bajo la piel (esteatitis).

Ambos tipos de pescado, el blanco y el graso, contienen altos niveles de proteínas y yodo; sin embargo, carecen de calcio, fósforo, cobre, magnesio, hierro y sodio.

No le dé a su gato demasiado pescado crudo ya que contiene una encima llamada tiaminasa que destruye la tiamina, una de las vitaminas B más importantes. La tiaminasa se desactiva con el calor, así que es mejor cocinar el pescado antes de servirlo.

Las raspas pueden causar problemas si se clavan entre los dientes del gato o en su garganta, así que si le da el pescado crudo entero asegúrese de que las raspas se han suavizado habiendo cocinado el pescado a presión (esta forma de cocinar es la ideal para preparar raspas tanto para gatos como para perros), estofado o cocido. En conjunto, el pescado servido de esta manera es mejor que la carne desde el punto de vista nutricional.

La leche es una buena fuente de calcio para los cachorros, y a la mayoría de los gatos les gusta. La puede servir caliente, a temperatura ambiente o directamente desde el frigorífico, según prefiera su gato. La leche contiene lactosa y a medida que crecen los gatos son más reacios a digerirla. Si le da demasiada leche, puede provocarles diarrea. Algunos gatos adultos no toleran la lactosa y si la toman pueden sufrir alergias y sequedad en la piel. Por eso, se fabrica y se vende en supermercados leche baja en lactosa para gatos.

La nata contiene la mayoría de las grasas de la leche y es fuente de energía, aunque en exceso puede provocar obesidad.

El queso es una fuente muy rica de proteínas animales, y a algunos gatos les gusta. No contiene lactosa por lo que puede darle pequeñas porciones a gatos que no toleren la lactosa. El yogur pasteurizado tampoco contiene lactosa pero no le gusta a todos los gatos.

Huevos

Los huevos contienen hierro, proteínas y la mayoría de las vitaminas (excepto la vitamina C), grasas e hidratos de carbono. Los huevos contienen un 13% de proteínas, un 11,5% de grasas y proporcionan unas 160 calorías cada 100 gramos. Es un alimento equilibrado y un buen recurso de proteínas animales y nutrientes esenciales, sobre todo crudos. Sin embargo, demasiados huevos crudos pueden resultar perjudiciales ya que la clara de huevo contiene una sustancia llamada avidina que reduce la vitamina B de la biotina, esencial para muchos procesos del organismo incluida la salud de la piel y del pelo, así como el buen funcionamiento de los músculos. Como norma, no dé más de un huevo crudo por semana a un gato adulto. Los huevos cocidos, a la plancha o fritos reducen la avidina pero también, por desgracia, su valor nutricional. Si sólo le da a su gato yema de huevo puede aumentar el número de huevos a dos o tres por semana. No olvide que la yema es de alto contenido en grasa (un 31%) y en exceso podría causar obesidad.

Leche, queso y yogur

Los productos lácteos son ricos en proteínas, grasas, hidratos de carbono, calcio, fósforo y vitaminas A y B.

Grasas y aceites

Una deficiencia de grasas en la dieta provoca una piel deshidratada que puede convertirse en seca y con caspa.

Las grasas son casi 100% digestibles y añaden sabor a la comida y por supuesto a los gatos les encanta. Los aceites vegetales y las grasas del pescado son mejores que las animales. El aceite de cártamo y el de maíz son dos fuentes extraordinarias de ácidos grasos, el de cártamo es el mejor. Si la dieta de su gato no es equilibrada, déle pequeñas cantidades de aceite de hígado de bacalao (un cuarto de una cucharada de café tres veces por semana). Tenga cuidado con este suplemento, y antes de usarlo consulte a su veterinario. El aceite de hígado de bacalao contiene grandes cantidades de ácidos grasos no saturados y puede provocarle esteaditis.

Vegetales

La mayoría de las verduras son ricas en vitamina C y los alimentos de origen vegetal son una rica fuente de vitaminas del grupo B. Los gatos sintetizan la vitamina C en su cuerpo y no necesitan nada en su dieta que se la aporte. Algunos gatos comerán verduras y hortalizas si forman parte de un guiso de carne o pescado, no olvide que al cocerlas demasiado reduce su valor nutricional.

Cereales

Los cereales aportan hidratos de carbono y algunas proteínas, minerales y vitaminas. Generalmente son pobres en grasa, en ácidos grasos esenciales y en vitaminas A, D y E.

El germen de trigo contiene tiamina y vitamina E. El trigo, la avena y la cebada poseen un contenido más alto en proteínas y menos grasas que el maíz y el arroz. El arroz es sabroso para los gatos y se usa como ingrediente en muchas de las comidas comerciales.

La levadura es rica en vitamina B y algunos minerales y los preparados de levadura pueden resultar beneficiosos para gatos mayores, estarán a salvo aunque los use en exce-so. Pese a la prueba anecdótica, los suplementos dietarios de levadura no previenen las pulgas.

Fibra

La alimentación de su gato debe contener al menos un 5% de fibra (medida en base seca) derivada de materia vegetal. Las dietas ricas en fibra (10-15%) pueden ayudar a reducir la obesidad y como apoyo dietético en gatos diabéticos, ya que la fibra ralentiza la absorción de glucosa (el producto final de la digestión de hidratos de carbono) siguiente a una comida.

Huesos

Los huesos y la harina de huesos contienen un 30% de calcio y un 15% de fósforo, magnesio y proteínas. Carecen de grasas, ácidos grasos esenciales y vitaminas. Demasiados huesos pueden provocar diarrea, así que consulte a su veterinario sobre las cantidades.

También es bueno consultar con su veterinario antes de darle huesos de pollo. No le dé huesos de pollos maduros a menos que los haya ablandado cociéndolos a presión, ya que pueden astillarse. Las raspas pueden clavarse en la boca

FOTO SUPERIOR: A los gatos se les ofrece una amplia gama de marcas de comida. Algunos tendrán su favorita pero la mayoría prefiere disfrutar de la variedad.

o en la garganta, así que sólo debe dárselas cuando estén bien ablandadas.

El agua

Asegúrese de que no le falta agua fresca y limpia. Un gato necesita diariamente (entre comida y bebida) 40 ml (unas 2 cucharadas y media) por cada kilo de peso. La ingestión de agua variará dependiendo de la temperatura ambiente y de la alimentación de su gato, cuanta más comida seca más agua beberá. También aumentará su consumo si su gato sufre alguna enfermedad como diarrea, diabetes o algún problema intestinal.

La alimentación

Elija una zona fresca donde su gato pueda comer sin que nada le moleste y úsela diariamente. Utilice recipientes fabricados de materiales fáciles de limpiar como acero, barro o plástico y lávelos después de cada uso.

Los gatos tienen fama de ser maniáticos y con razón. Un gato sólo comerá la comida más fresca que encuentre, retirará su nariz de malos olores o comidas en mal estado. Esto ocurre porque los gatos no se estimulan a comer sólo por hambre sino también por el olor. Como norma general, prefieren comer su comida templada o a temperatura ambiente porque tiene un aroma mejor. Algunos se comerán fría la comida del bote ya abierto recién sacada del frigorífico pero otros no. Como la comida de bote no contiene conservantes, deseche lo que sobre transcurrida una hora aproximadamente. Si no tiene mallas en las ventanas para los mosquitos, tire las sobras inmediatamente. La comida semihúmeda puede mantenerse en un recipiente durante más tiempo.

Si su gato no come más de la cuenta, puede dejar a su disposición el pienso todo el día. Si desea hacerlo así, compre un comedero que mantenga la comida y su aroma encerrados y permita acceso libre al gato.

La alimentación de su cachorro

La leche de la madre es rica en proteínas y grasas y durante las primeras semanas después del parto la dieta de un gato necesita reflejar esto mismo. Un cachorro que está creciendo necesita el triple de energía por cada kilo de su peso que un gato adulto, y ya que tiene una capacidad limitada en su estómago, debe darle de comer muchas veces a lo largo de un día siguiendo una dieta rica en energía.

ARRIBA: No importa lo bien alimentado que esté, un gato siempre sucumbe a su instinto y caza pájaros y pequeños mamíferos a la menor oportunidad.

Existen diversas marcas comerciales de comida especialmente formulada para cachorros tanto basadas en cereales como en carne, que debería tener en cuenta antes de formular su propia dieta casera.

Cuando un cachorro es muy pequeño le puede dar leche también, aunque muchos veterinarios no recomiendan darle leche de vaca ni a un cachorro ni a un gato adulto. Si la leche empieza a causarle diarrea conforme va creciendo, podría ser por el contenido de lactosa de la leche, así que cambie a una leche especialmente formulada para gatos.

Como norma general, un cachorro entre 8 y 12 semanas tendría que comer al menos 4 veces al día, bien comida comercial, bien comida casera. Tiene que decidir qué le va a dar y servirlo. Si mezcla comida casera con comida comercial puede haber desequilibrios.

Desde los tres hasta los seis meses debe comer al menos tres veces al día, e introducir el régimen sugerido más abajo para gatos adultos.

La alimentación de un gato adulto

A diferencia de los perros, que son animales competitivos y se lo comen todo hasta que ya no pueden más, los gatos son cazadores solitarios y no comen mucho de una sola vez. Dado el caso, prefieren tomar su ración diaria en pequeñas cantidades a lo largo del día.

La mayoría de los dueños creen que es conveniente alimentar a sus gatos mezclando comida húmeda y seca. La comida seca puede estar fuera para que el gato vaya y coma cuando le apetezca y las comidas húmedas pueden servirse en cantidades controladas dos o tres veces al día, por la mañana, después de comer y antes de cenar.

La última comida puede causar problemas si su gato se queda encerrado en casa durante la noche, ya que la mayoría de los gatos necesitan orinar y defecar a la hora o a las dos horas de comer.

Si le da de comer a más de un gato, mejor que les dé de comer por separado guardando las distancias. Así el gato dominante no se comerá la comida del otro y podrá controlar lo que se come cada uno.

¿Qué cantidad de comida?

La mayoría de los gatos tienden a comer sólo lo suficiente para satisfacer sus necesidades energéticas. La cantidad de energía que utilice su gato dependerá no sólo de su actividad sino también de su metabolismo (la velocidad con la que queme la energía). Todos los gatos son únicos y puede haber hasta una variación de un 20% en dos gatos iguales.

Su gato debería comer lo suficiente para satisfacer sus necesidades, no más; de lo contrario sufrirá sobrepeso. El exceso de energía se almacena como grasa y se deposita debajo de la piel y del abdomen, provocando una apariencia a la que nos referimos llamando «mandil». Algunas comidas comerciales son particularmente sabrosas y estimulan al gato para que coma más de la cuenta. Si le da a su gato comida comercial, cerciórese de su contenido de energía indicado en la etiqueta y alimente a su gato de acuerdo con ella. Si le da comida casera, puede resultar más difícil saber exactamente cuánta comida darle, y necesitará controlar muy de cerca la salud de su gato.

Los criterios más importantes a la hora de saber la cantidad de comida que debe darle a su gato son la salud y el aspecto de su gato. Si está bien, despierto, activo, con la piel y el pelo saludables y se mantiene en su peso, casi seguro que está siguiendo una dieta adecuada. Si su piel está seca, muda el pelo con frecuencia, sufre sobrepeso, está atontado, tiene mucha hambre o se desinteresa por la comida, debería hablar con su veterinario.

No olvide que si le da a su gato aperitivos entre las comidas, éstos contienen calorías y tiene que ser indulgente con ellos en la dieta global de su gato.

Problemas nutricionales

No deberían surgir si está alimentando a su gato con una dieta comercial formulada correctamente. Pueden surgir porque el gato:

○ Recibe una mala alimentación.
○ Come, pero una enfermedad está reduciendo su capacidad de absorber o digerir la comida.
○ No come por varias razones.

La mala alimentación se nota en la falta de energía, la pérdida de peso (el cuerpo quema las reservas de grasas y después las proteínas de los músculos) y por último en el hambre. También puede resultar en una carencia de los nutrientes esenciales. La alimentación en exceso provoca obesidad y puede llegar a causar una toxicidad causada por exceso de nutrientes (como la vitamina A).

ENTENDER EL COMPORTAMIENTO DE SU GATO

La sociedad de los felinos

El sistema social de los gatos que viven en estado salvaje varía en función de las circunstancias ambientales: la disponibilidad de comida es el factor que más influye. Los grupos se forman cuando la existencia y la dispersión de comida permiten a dos o más individuos vivir cerca. La mayoría de estos grupos son de hembras, a menudo relacionadas, juntas con sus crías y con los machos inmaduros. Las hembras suelen cuidar a los cachorros de otras hembras y traer presas para ellos. Los

machos no forman parte del grupo familiar. Sólo tienen relaciones temporales con el fin de criar. No se ven implicados en sacar adelante a los cachorros. Donde la comida es escasa, los gatos viven una vida más solitaria. Los territorios están cercados y las áreas de defensa contienen las guaridas y posiblemente la fuente de comida más importante. Los territorios se delimitan con olores y signos visuales como el clavado de uñas o heces sin tapar. Los gatos que entren en el territorio de otros se arriesgan a

ARRIBA: Si se presenta la oportunidad, los gatos aumentan su prole de la misma forma que los leones. Muchas hembras, a veces hermanas, se ayudan con los cachorros y se turnan para cuidarlos mientras las otras cazan.

FOTO SUPERIOR: A los gatos les gustan las alturas, por eso prefieren las ventanas para entrar y salir de la casa.

atacar aunque los territorios en los que se practica la caza pueden coincidir. Sin embargo, donde esto ocurre, los gatos que comparten ese ámbito casi nunca se encuentran. Parece que tienen algún tipo de acuerdo que les garantiza que cazarán en lugares distintos a horas distintas.

La relación entre el gato y las personas

Los gatos son flexibles en su dependencia de las personas como la mayoría son capaces de sobrevivir en un ambiente salvaje. En áreas urbanas, es difícil para ellos encontrar presas suficientes para soportar una vida totalmente felina, así que su unión con las personas es necesaria y beneficiosa. La relación entre gatos y las personas es de mutuo beneficio o simbiosis. Los gatos obtienen refugio, comida y cuidados para su salud. Nosotros tenemos bajo control a los roedores y una compañía.

A diferencia de los perros, los gatos no ven a las personas como parte de su grupo social. El orden social de un grupo de gatos en un entorno comprende sólo a los gatos. Esto varía, ya que hay gatos que viven muy apegados a las personas y que no tienen más gatos en su entorno; éstos

consideran a las personas parte de su grupo social y muchos pueden adoptar comportamientos tales como el de agresión relacionada a su categoría (ver p. 61). Algunas razas, como la siamesa o la burmesa, son razas seleccionadas especialmente para entablar amistad con las personas y muchas veces están muy unidos y dependen psicológicamente de sus dueños. En conjunto, la mayoría de los gatos llevan una vida independiente y buscan compañía humana sólo cuando ellos quieren.

El desarrollo social de un cachorro

Los cachorros nacen ciegos y sordos. A las dos semanas, se les abren los ojos, y empiezan a jugar a las tres. A esa edad oyen, desarrollan un buen sentido del olfato y responden abriendo la boca (ver p. 58). La vista se desarrolla muy despacio, durante diez semanas.

ARRIBA: Los cachorros nacen ciegos y sordos y están indefensos hasta que cumplen dos semanas.
FOTO SUPERIOR: Es importante enseñar a los niños a coger correctamente un gato, apoyando su peso en sus manos o en su cuerpo. Un gato incómodo pegará patadas y morderá para intentar liberarse.

El olfato es el sentido más importante en los gatos

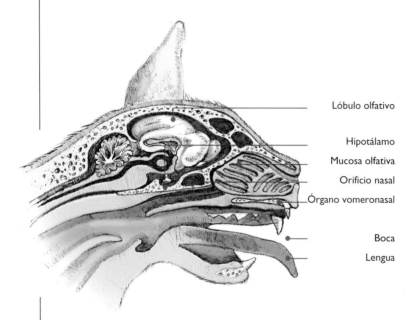

Lóbulo olfativo

Hipotálamo

Mucosa olfativa

Orificio nasal

Órgano vomeronasal

Boca

Lengua

Los gatos son capaces de detectar partículas minúsculas de olor, que les informan sobre la clase social y la reproducción de otros gatos. Lo hacen curvando el labio como respuesta (también conocido como «signo de Flehmen»). Este gesto labial pone las sustancias químicas de un olor particular en contacto con los órganos sensitivos vomeronasales.

El juego aumenta su intensidad de las cuatro a las once semanas y a partir de ahí disminuye. A las ocho semanas, los cachorros ya pueden cazar y comer presas pequeñas. Es importante que los cachorros se socialicen con las personas y con otros gatos cuando tienen entre dos y siete semanas, si no, se volverán ariscos hacia las personas. Si se crían aislados de otros gatos nunca se llevarán bien con ellos.

El sentido del olfato de los gatos

Los gatos están dotados de un sentido del olfato prodigioso, con una estructura especial (el órgano vomeronasal) que les ayuda a detectar olores. Este órgano se compone de dos tubos que pasan por las cavidades oral y nasal. Las sustancias que entran en la boca se disuelven en un fluido contenido en los tubos y después la información sensorial es enviada a los órganos olfativos.

Cuando los gatos analizan un olor utilizando este órgano, mantienen la boca abierta.

El olor es un medio de comunicación importante. Lo utilizan para definir el territorio dejando orina u olor depositado de las glándulas faciales con frotamientos o de las glándulas de las patas con arañados. El olor también se deposita en las heces por medio de las glándulas anales. Se cree que el olor contiene información sobre la identidad, la clase social y el estado de reproducción del gato. También hay evidencia de la existencia de aromas de clanes, que identifican a los miembros de un grupo o a animales relacionados.

El olor y el aroma también es importante a la hora de estimular el apetito en los gatos y en la identificación de sus presas. Los gatos con infecciones en el tracto respiratorio que provoquen congestión nasal no comerán ya que no pueden oler la comida.

La vista

Los gatos están dotados de una buena visión estereoscópica, excelentes a la hora de detectar movimiento. Su capacidad para detectar la luz es de tres a ocho veces mejor que la de las personas. Su rango visual se extiende desde 25 cm a 2 m y tienen una excelente percepción de la profundidad y una visión de color verde azulado.

Los gatos pueden ver en la oscuridad gracias a una estructura especial (*tapetum cellulosum*) que refleja la luz en la retina.

Muchos gatos siameses tienen una visión estereoscópica pobre, vista de cerca reducida y detección débil por defecto hereditario. Muchos de estos gatos padecen estrabismo.

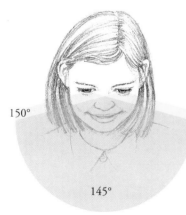

150°

145°

275°

130°

250-290°

80-110°

Una persona ve de lado a lado un total de 150° de los que en 145° hay fusión binocular.

Un gato ve de lado a lado un total de 275° de los que en 130° hay fusión binocular.

Un perro tiene una visión total de 250-290° con 80-110° de fusión, mucho menor que en los humanos.

FOTO SUPERIOR: Los gatos ven perfectamente por la noche y esto se debe en parte al *tapetum cellulosum* que refleja la luz en la retina.

El oído

Los gatos son muy sensibles a sonidos de alta frecuencia (60 khz), lo que les permite detectar chillidos ultrasónicos de roedores. Son muy habilidosos a la hora de a qué altura se encuentra el origen de un sonido, y su oreja móvil (pinna) es de gran ayuda en la localización del sonido.

Además de un oído muy fino, los gatos tienen detectores de vibraciones en las patas, con los que son capaces de detectar entre 200 y 400 hz pero sólo durante períodos de tiempo cortos.

Vocalización

Los gatos chillan cuando se sienten atacados o amenazados, aúllan y gimen cuando quieren ahuyentar a extraños, maúllan fuerte para llamar la atención y emiten chirridos cuando se acercan a animales y gente que conocen.

Los gatos normalmente ronronean cuando tienen experiencias agradables, como cuando se les amamanta o acaricia, aunque a veces también ocurre en momentos de estrés o enfermedad. Los gatos nunca ronronean cuando están dormidos.

Al igual que nosotros, los gatos muestran sus «sentimientos» con las distintas expresiones de la cara

A

B

C

A. Un gato feliz: las orejas estiradas y los bigotes relajados.

B. Bastante feliz: los ojos medio cerrados y los bigotes relajados, probablemente a este gato se le está acariciando.

C. Alerta: el gato muestra una expresión entre contento y nervioso.

D. Nervioso: las orejas se posicionan hacia atrás y los bigotes se mueven ligeramente hacia delante.

E. Enfadado y amenazador: las orejas están horizontales, los ojos se estrechan y los bigotes se mueven hacia delante.

D

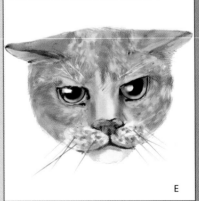

E

FOTO SUPERIOR: La postura tan segura de este gato con la cola elevada indica su disposición para «comunicarse».

Problemas de comportamiento

El sistema de socialización felino es muy efectivo y los gatos rara vez muestran comportamientos problemáticos o agresivos graves a no ser que no hayan sido castrados o se encuentren en condiciones de exceso de gente.

Sin embargo, en el caso de que los gatos muestren comportamientos agresivos, no es difícil enfrentarse a ellos.

Agresión relacionada con su situación

Algunos gatos son dominantes por naturaleza y necesitan sentir que controlan. Suelen gruñir o morder a sus dueños sin motivos aparentes. Esto suele ocurrir cuando están sentados en el regazo de su dueño o le acaricia. De repente se ponen tensos, sus pupilas se dilatan, su rabo se eriza y cogen o muerden la mano de su dueño con los dientes.

Estos gatos también suelen atacar si su dueño les ha estado acariciando y decide ponerlo en una silla o cambiar de postura cuando aún lo tienen encima.

Tratamiento

Observe qué signos evitan esas agresiones. Deje de acariciarlo en cuanto empiece a ponerse tenso, levántese sin tocarlo y deje que caiga al suelo. Una pistola de agua o un silbato pueden servirle para que se relaje.

Cómo evitarlo

No existe modo alguno para evitar que este tipo de agresión se desarrolle. Deberá aceptar el hecho de que este tipo de gatos nunca serán mansos, sino que necesitan sentir que tienen el control.

Agresión redirigida

Los gatos son maestros en echar a los otros. Si un gato percibe que otro invade su territorio pero no puede salir para echarlo fuera (por ejemplo, si está dentro y observa al intruso por la ventana), redirigirá su agresión con quien tenga más cerca, probablemente usted.

Si se acerca a su gato mientras observa al intruso, lo más seguro es que le ataque.

FOTO SUPERIOR: La espalda arqueada y el pelo erizado hasta el final indica temor o agresión. Esto ocurre para que el gato parezca más grande e intimide más al otro. Los cachorros practican estas posturas cuando juegan.

La agresión redirigida puede darse también si el gato está asustado: si algo se cae de una estantería y lo asusta, conforme entre en la habitación el gato puede asociarle con el susto y atacarle.

Tratamiento

Lo mejor es irse y dejar que el gato se calme. No intente acercarse ni tranquilizarlo ya que permanecerá reactivo durante un tiempo en estas situaciones. Si el gato sigue actuando negativamente hacia usted, puede que necesite la ayuda de un veterinario para solucionar el problema. Posiblemente, necesite medicamentos contra la ansiedad junto con un programa de modificación del comportamiento.

Cómo evitarla

Intente no acercarse a su gato si está reaccionando ante algo que ve fuera. Nunca vaya a tocar a su gato si algo ha caído cerca de él o si se ha asustado por cualquier motivo.

Agresión predatoria

Algunos gatos atacan a las personas como si fueran sus presas. Se colocan y atacan de modo salvaje. Este comportamiento es peligroso cuando se dirige a personas mayores o niños.

Tratamiento

Cuando el gato se esté colocando, distráigalo con un silbato o una pistola de agua. Intente evitar situaciones que le provoquen como mover los dedos de los pies dentro de los calcetines o de sandalias, que los niños lleven los cordones desatados o cintas arrastrando.

Algunos gatos esperan tumbados a que sus dueños vayan a desayunar o sigan su rutina diaria. Intente variar su rutina de modo que el gato no pueda predecir cuándo y por dónde va a pasar.

Cómo evitarla

No provoque un comportamiento predatorio en los cachorros, por ejemplo, no juegue a esconder y buscar ni le incite a que le pille.

ARRIBA: Este cachorro está preparado para saltar sobre su compañero de juegos, una postura que también utiliza para cazar.

Coloque un cascabel en el collar de su gato para saber cuándo se acerca. No es un método infalible, ya que algunos gatos aprenden a moverse sin que suene.

Agresión lúdica

Es más frecuente en los cachorros criados para ser domésticos. La falta de contacto con sus hermanos significa que no aprenden a inhibir sus mordeduras ni a moderarse al clavar las uñas mientras juegan. Estos gatos pueden morder hasta llegar a hacer sangrar pero no lo hacen con esa intención.

Tratamiento

Cuando el cachorro o el gato empiece a jugar, agarrando su mano o saltando a sus pies, redirija el ataque a un juguete. Si el gato insiste en tener contacto con su cuerpo, utilice una pistola de agua para enseñarle que eso no se hace. Apúntele a la cara y dígale «¡No!».

Compénsele despacio, juegue con lo que le guste, trozos de queso o galletas de gato. Nunca le provoque a cazar manos o pies aunque estén protegidos por mantas, seguro que las atraviesan.

Cómo evitarlo

Asegúrese de que sus cachorros son sociables con otros cachorros o gatos. Evite el juego que implique partes del cuerpo humano.

Agresión por miedo

Los gatos o los cachorros que nunca antes han estado en contacto con personas, normalmente, tienen miedo de la gente y pueden ser agresivos cuando alguien se les acerque. Un gato en esa situación se retrae, se tumba y bufa con las orejas agachadas y las pupilas dilatadas. Intentará escapar del contacto pero morderá si se le impide.

Este tipo de comportamiento se da en cachorros de colonias salvajes que alguien decide adoptar y en gatos que han vivido mucho tiempo con un dueño mayor que ha

muerto y son enviados a otro hogar. Los gatos también pueden mostrar agresión por miedo cuando les sacan fuera de su casa, cuando van al veterinario o se les introduce en una jaula.

Cómo evitarlo

En cachorros nacidos salvajes o gatos aislados que son enviados a otro hogar, la agresión por miedo se puede superar con tiempo y paciencia. Sin embargo, los cachorros que sean miedosos por naturaleza, nunca serán mascotas mansas.

ARRIBA: La agresión por miedo se conoce por la postura agazapada del gato y las orejas agachadas.
FOTO SUPERIOR: Los cachorros desarrollan habilidades físicas mediante técnicas de juego y de práctica, que más tarde les servirán para defenderse.

Encierre al gato en una habitación con un cajón de arena, una cama, un plato de agua y muchos juguetes. Pase algún tiempo durante varias sesiones sentado en la habitación cerca del gato o leyendo. La lectura en alto siempre ayuda. Lleve comida sabrosa y de olor intenso e intente que coma de su mano. Al principio, seguramente deberá ir dejando la comida cerca, pero poco a poco el gato se irá acercando hasta que coma directamente de su mano. Evite el contacto visual en esta fase.

No intente tocar al gato hasta que se encuentre a gusto con su mano. Poco a poco incítelo a comer utilizando papel, lana o un palo flexible. La mayoría de los gatos responderá en dos o cuatro semanas. Una vez hayan sido amaestrados y se sientan relajados con su compañía pueden salir al resto de la casa e incluso al jardín.

No intente coger a estos gatos hasta que estén muy relajados, algo que probablemente no sucederá hasta pasados tres meses de su adopción. En muchos casos, necesitan medicamentos para la ansiedad.

Cuando los gatos se encuentran en entornos extraños, es mejor insensibilizarlos a la experiencia.

Primero, asegúrese de que el gato está cómodo con su cajón. Déle de comer dentro de vez en cuando y compénsele por dejarle que lo meta y lo saque del cajón. Si su gato responde a la nébeda, ponga un poco en el cajón. Juegue con el juguete favorito del gato dentro y fuera del cajón.

Si al gato le da miedo la clínica veterinaria, acuerde con su veterinario visitarle con cierta frecuencia y deje que su gato investigue las habitaciones y coma allí. Si el problema es llevarlo de viaje, procure ver si los dueños le dejan hacer lo mismo allí. La mayoría de los gatos aprenden a tolerar aunque no disfruten de estas visitas necesarias.

Agresión hacia otros gatos

Los gatos marcan su territorio por naturaleza y amenazarán y echarán fuera a los intrusos. Es prácticamente imposible modificar este comportamiento pero puede reducir las veces que su gato se verá envuelto en disputas de este tipo, encerrándolo en casa por la noche, por la mañana y después de comer, que es cuando suelen ocurrir estas peleas.

Agresión hacia otros gatos de la casa

Los gatos que viven bajo el mismo techo suelen tener pequeñas peleas que empiezan con un bufido o con un manotazo. Normalmente, acaban separándose y al menos se dan una tregua si es que no empiezan una bonita amistad.

Algunos gatos llegan a depender mucho del otro, se lavan el uno al otro e incluso duermen juntos. En otros casos, hay muestras de agresividad constantes y extremas hacia un gato por parte de uno de sus compañeros de piso. Esto puede estar o no relacionado con la defensa del territorio (un área que el gato defiende como si se defendiera a sí mismo). También puede ser resultado de la agresión redirigida.

ARRIBA: Estos dos gatos están envueltos en un encuentro agresivo típico. Fíjese en cómo el gato de la izquierda es más dominante, sus orejas están menos agachadas y tiene una postura más erguida.

Tratamiento

Cuando los gatos muestren agresión extrema, hay que separarlos. Póngalos en habitaciones separadas e intercámbielos todos los días para que se acostumbren al olor del otro. Enséñeles a permanecer en un cajón y déles de comer dentro. Juegue con cada gato un rato cada día y ofrézcale premios.

Después de una semana, saque a los gatos para comer, en sus cajones. Ponga a cada uno en un extremo de la

habitación, uno enfrente del otro (no en la habitación en la que han estado encerrados) y déles de comer en sus cajones. Al primer signo de reacción, saque al agresor de la habitación. Una vez que los gatos acepten estar en la misma habitación a cierta distancia el uno del otro, poco a poco vaya acercando los cajones. Cuando ya sean capaces de comer a una distancia de 2-3 metros, déles de comer fuera de sus cajones.

Si todo va bien, vuelva a la rutina y siéntese en la habitación con ellos a una cierta distancia. Cualquier signo de agresión debería ser reprimido con un silbato o una pistola de agua, y si el gato calma su comportamiento tendrá que premiarlo. Si los dos colaboran, empiece una serie de sesiones de juegos con sus juguetes favoritos, involucrando a

los dos gatos. Al final, terminarán juntos en la habitación, preferiblemente con juguetes y sin duda alguna supervisados. Cualquier agresión debe reprimirse enseguida. Con el tiempo, los gatos tendrían que poder convivir juntos felizmente o al menos sin esas peleas frecuentes.

Cómo evitar la agresión redirigida hacia otros gatos

Este tipo de agresión sucede del mismo modo que la agresión redirigida hacia personas (ver pp. 61-62). La diferencia es que el gato hacia el que va dirigida la agresión tiene mucho miedo del gato agresor. Cuando se encuentran los dos gatos, la víctima muestra signos de temor y esto refuerza la agresión del otro gato. Estos gatos deberían tratarse siguiendo las instrucciones descritas anteriormente, aunque la víctima seguro que necesitará medicación contra la ansiedad para evitar que siga mostrando temor y aumentando la agresividad en el otro gato. A veces, el agresor también necesita medicación. La situación puede ser difícil de tratar y debería pedir consejo a un especialista en comportamiento de animales.

Comida de tejido

La mayoría de los gatos son maniáticos a la hora de comer y se niegan a probar algo nuevo. Sin embargo, algunos pueden desarrollar gustos extraños, y el más frecuente es el gusto por los tejidos.

A los gatos siameses es a los que más se ha podido ver comiendo tejido, parece que tienen una predisposición genética. Este comportamiento también se ha relacionado con una crianza precoz, y puede haberlo causado un hecho traumático como cambiarse de casa. Los gatos que comen tejidos suelen robar ropa de lana a los vecinos, llevársela a

ARRIBA: A los cachorros les encanta jugar con lana y tejidos pero desgraciadamente algunos han cogido la costumbre de comerse el material también. Esto puede provocar problemas digestivos y debe impedirse.

casa, clavarle las uñas y masticarla. Son capaces de comer grandes cantidades y como resultado pueden sufrir problemas digestivos y bloqueos.

Tratamiento

Intente impedir cualquier acceso a la ropa de lana y sustitúyala por cartón. También puede darle huesos o cuero para que los mastique.

Algunos gatos dejan de comer tejidos si le echa alguna sustancia que no les guste como salsa de chili. También ayuda que le preste más atención y le estimule más con juegos y juguetes nuevos.

Algunos veterinarios opinan que estos gatos tienen una anomalía neuroquímica y que necesitan tratamiento.

Cómo evitar que coman tejidos

Intente no utilizar camas de lana para sus cachorros. Proporcióneles estimulación y actividad y evite el crecimiento precoz. Intente no comprar los cachorros de padres que coman tejidos.

La casa sucia

Muchas personas no consiguen tener limpia su casa mientras tienen un gato. Existen diversas causas.

Cualquier gato que viva dentro debe tener acceso a un cajón de arena. Si tiene libertad para entrar y salir de la casa cuando quiera, no lo necesitará pero si el tiempo es frío y húmedo o por cualquier razón se muestra aprehensivo a salir fuera, deben tener un cajón de arena a su disposición.

En las casas donde haya más de un gato, debería haber un cajón para cada gato y otro extra. Debería cambiar la arena todos los días y limpiar la caja. Algunos cajones incluyen barro, arena, aserrín, bolas de papel reciclado y bolas absorbentes granuladas. También traen a veces sustancias perfumadas.

Los cajones deben ser lo suficientemente grandes para que el gato pueda darse la vuelta cómodamente, y tener una profundidad suficiente para que puedan escarbar. También tienen que ser estables, porque si se mueven el gato se sentirá inseguro.

Suciedad alrededor del cajón

Suele ser un problema relacionado con el tipo de arena del cajón o que el gato se siente incómodo al usarlo. A menudo, el gato rasgará el papel de alrededor en un intento de escarbar y tapar.

Tratamiento

Compruebe que ningún gato más ha utilizado el cajón, ya que a la mayoría no les gusta compartirlo y asegúrese de que está limpio y la arena fresca. Si no ve problema aparente, lleve al gato al veterinario. Posiblemente, tenga un problema en la vejiga o en el intestino que le ha anticipado el dolor al meterse en el cajón. Si el gato es mayor, puede que padezca artritis y sea incómodo para él meterse en el cajón y mantener el equilibrio.

Si el gato está sano, piense en cambiar el tipo de cajón. Ponga a su disposición diferentes tipos de arena en diferentes cajones y observe cuál usa. Coloque los cajones en zonas diferentes en las que el gato tenga libre acceso y en las que le gustaría poner el cajón. Rote los tipos de arena de modo que pruebe todas en todas las zonas posibles. La razón de ello es que posiblemente el problema no sea el cajón, sino que su gato ha sido acechado o molestado por otro mientras escarbaba en la arena y tienen miedo de saltar en esa zona. Si no puede resolver el problema, consulte con un especialista.

FOTO SUPERIOR: Los cajones de arena deben estar limpios, ser espaciosos y estar situados en una zona que les aporte intimidad.

Cómo evitar la suciedad en torno al cajón

Asegúrese de que siempre haya un cajón limpio para cada gato, más uno de sobra.

Orina en la casa

Que los gatos orinen en otras partes de la casa puede deberse a que:

- Padecen cistitis (infección de la vejiga).
- Sienten aversión al cajón (ver p. 66).
- Les da miedo usar el cajón porque está en una zona muy transitada.
- Otro gato lo ha utilizado y otro le intimida cuando intenta acercarse al cajón.
- Están marcando su territorio dentro de la casa.

La orina puede extenderse o depositarse con una flexión de piernas.

Si la extiende, es que no está enfermo sino que lo hace para marcar el territorio o para expresar agresividad si no tienen confianza para enfrentarse a un conflicto directo. Los gatos que se orinan por la casa suelen ser muy ansiosos.

Tratamiento

Lleve al gato al veterinario. Instale a su gato en una habitación limpia cuando no pueda supervisarlo y póngale un cajón con arena. Si el gato no lo usa, trátelo como le hemos indicado para que ensucie cerca del cajón.

Si el gato utiliza el cajón, vaya poniéndolo por el resto de la casa, habiendo limpiado todas las zonas sucias con un limpiador encimático. No le permita que permanezca en ningún lugar donde no pueda supervisarlo. Si intenta escarbar, orinar o extender la orina, amenácelo con una pistola de agua o llámele la atención con un silbato pero no le agreda físicamente.

Si el gato marca su territorio, puede ser debido a que la relación entre los gatos que viven bajo el mismo techo haya cambiado de alguna manera. Suelen marcar cuando llega un nuevo gato a casa. En el hogar de un gato único, éste puede marcar como respuesta a una visita que vaya a estar unos cuantos días o a un nuevo compañero de piso. También puede ocurrir como respuesta a que hay otros gatos fuera de la casa y como reacción a la entrada de gatos extraños en la casa. Intente identificar cualquier factor importante que pueda influirle. Por ejemplo, si el gato se orina o extiende la orina en la repisa de la ventana, probablemente esté reaccionando a la presencia de un gato extraño fuera. Poner cortinas en las ventanas y sacar al gato de la habitación cuando estén abiertas puede resolver el problema. Si ha visto gatos merodeando alrededor adquiera una puerta eléctrica para gatos que funciona a través del collar de su gato. Esto le asegurará que no va a entrar ningún otro gato.

Si cree que el gato está agobiado por algunos cambios que hayan tenido lugar en su casa, intente prestarle más atención y algo de estabilidad jugando con él a una hora fija todos los días. Esto le ayudará a reducir la ansiedad.

Estos problemas no son fáciles de resolver y quizás necesite la ayuda de un especialista en comportamiento animal para averiguar exactamente la causa del problema.

Cómo evitar que orine en casa

Asegúrese de que no puede acceder ningún gato extraño. Ponga a su disposición todos los cajones de arena limpios que necesite. Intente no cambiar el ambiente de su casa de repente. Preséntele a sus compañeros de piso antes de que se muden y tómese las cosas con calma. Tenga cuidado al presentar gatos nuevos u otras mascotas al gato, hágalo paulatinamente. Acostúmbrelo a cosas rutinarias y asegúrese de que cada gato dispone de un lugar especial donde pueda relajarse, como una estantería en un árbol para gatos, un armario o una caja de cartón.

Defecar en casa

Los gatos utilizan las heces como una marca territorial. Las heces están cubiertas de una secreción de las glándulas situadas a cada lado del ano, que contiene información sobre el gato. Esta información la percibirán otros gatos cuando huelan las heces. Son habituales las peleas entre los gatos que utilizan heces así como orina para marcar su punto. Otros motivos para defecar en casa pueden ser aversión al cajón, enfermedad o mal adiestramiento.

Tratamiento

Siga las mismas instrucciones que para la orina. Puede que haya algunos problemas de estrés que tendrá que solucionar y si el problema persiste tendrá que consultar con un especialista en comportamiento.

La caza

Los gatos son predadores por naturaleza. Hasta los cachorros que se crían con seres humanos totalmente aislados todavía pueden crecer siendo muy buenos cazadores. Las presas suelen ser pequeños pájaros, roedores y reptiles. No es de extrañar que los gatos lleven su presa a casa para regalársela a su dueño. Mucha gente no acepta de buen grado que sus gatos cacen. Esta circunstancia es comprensible en las zonas donde los gatos pueden cazar animales en peligro de extinción.

Tratamiento

Los gatos suelen cazar por la mañana, por la noche o a media noche, así que encerrándolos a estas horas su comportamiento predador se irá reduciendo. La única forma de conseguirlo es dejando a su gato encerrado a todas horas. Los gatos pueden adaptarse a este tipo de vida, ya que están provistos de muchísimos estímulos.

Otras formas de reducir la caza son colocarle un collar con un cascabel o distraerlo con un silbato, por ejemplo, cuando esté acechando a su presa, aunque estos métodos no dan mucho resultado. Los gatos aprenden pronto a colocarse en una postura en la que el cascabel no suene durante el acecho y aunque en un momento dado el silbato pueda distraer al gato de su presa, no conseguirá moderar su comportamiento cuando esté en otras zonas lejos de casa.

Los collares «liberator» producen una serie de sonidos en respuesta a una reacción repentina del gato, pero tampoco se ha comprobado su fiabilidad al 100%.

Asegurarse de que su gato está bien saciado antes de salir puede reducir la cantidad de presas ligeramente. Sin embargo, los gatos cazan aunque estén saciados; lo que hacen es no comérsela y jugar con ella durante más tiempo antes de matarla.

Cómo evitar que su gato cace

Como se trata de un comportamiento instintivo, no les podemos enseñar a que no cacen. Desgraciadamente, la única forma de impedirles que cacen es negarles el acceso a su presa.

Saltos a superficies altas

A los gatos les gusta el espacio vertical. A la mayoría les encanta saltar y quedarse en lo más alto. Ramas, estanterías, mesas, el techo del frigorífico llaman a los gatos por esta razón. No sólo pueden vigilar su territorio desde un punto ventajoso sino que también les permite satisfacer su curiosidad por todo. Esto no es algo que a todos los dueños les guste.

Tratamiento

A los gatos se les puede adiestrar para que no salten a zonas prohibidas. Intente espantarlos con una pistola de agua o con un ruido muy alto en cuanto salten. Si extiende algo dulce sobre la superficie como, por ejemplo, miel, le ahuyentará. Un trozo de plástico o cartón ligeros y que caiga al suelo fácilmente en cuanto el gato salte, puede ser una buena estrategia.

FOTO SUPERIOR: Deje de aplicar la «moral humana» a los gatos y de ver su instinto cazador como cruel. Los gatos simplemente están haciendo gala de las habilidades para la caza que han heredado.

Cómo evitar que salten a las alturas

○ Adiestre a su gato desde pequeño.

○ No atormente a su gato preparándole la comida mientras le observa anhelante desde una silla o desde el suelo. Prepare la comida antes de que llegue, lista para ponérsela en su comedero.

○ Proporciónele un espacio vertical en su entorno, como un árbol o una estantería alta con su propia cama especial desde la que pueda ver el mundo.

Si araña los muebles

Los gatos arañan para marcar su territorio. Las marcas son un signo visual y el olor de las glándulas sebáceas de los pies se depositan durante este proceso. Sus lugares favoritos suelen ser superficies de madera verticales. Fuera, lo harán en troncos de árboles y en postes de vallas y dentro en los muebles.

Cómo evitar que arañe los muebles

A los gatos les gustar rascar en cuanto se levantan así que una buena idea sería dejarles un rascador cerca de su cama.

Los rascadores son de diferentes tamaños, formas y materiales. Parece que tienen predilección por los que están fabricados de lana y cubiertos de alfombra. Otros combinan cartón grueso que puede hacerse tiras o utilizan una arpillera para cubrirlo.

Si su gato insiste en utilizar el mueble como rascador, tiene dos opciones: adiestrar al gato para que sólo se rasque en zonas permitidas o proteger el mueble para disminuir el daño causado por las garras. Las garras de un gato se

FOTO SUPERIOR IZQUIERDA: Los gatos son muy curiosos y les encanta explorar encima de la mesa, sobre todo si saben que puede haber comida ahí.

FOTO SUPERIOR DERECHA: Los gatos prefieren afilarse las uñas en una superficie recta pero si no pueden, les servirá el brazo de su sillón.

pueden cortar igual que las de los perros y si se lo hace desde pequeño aceptará la situación sin ningún problema. Pídale a su veterinario que le explique cómo se hace. Tendrá que cortárselas cada cuatro o seis semanas. Como alternativa, puede colocarle fundas de plástico sobre las garras. Se pegan igual que las uñas postizas.

Para enseñarle a su gato que no debe arañar los muebles tienen que estar alerta, y el gato no debe tener acceso a la casa sin supervisión. Tenga una pistola de agua cerca y dispárele en cuanto intente arañar, o utilice un silbato para despistarlo. Otro método sería poner pequeños globos por la zona de manera que cuando el gato vaya a arañar los explote y se asuste.

Cómo impedir que el gato arañe los muebles

Anime a su gato a utilizar un rascador, cuelgue un juguete del poste o ponga una nébeda alrededor del poste como incentivo (aunque no todos los gatos son susceptibles a la nébeda).

Quitarle las uñas

Sólo tienen que pensar en esto como último recurso. Quitarle las uñas es la amputación quirúrgica de la primera unión de todos los dedos del gato. Es una mutilación que causa mucho dolor en el postoperatorio, y puede ser que estos gatos sufran dolor imaginario toda su vida.

Esta operación es ilegal en algunos países como Reino Unido.

FOTO SUPERIOR: Los gatos necesitan espacio vertical, y si no les proporciona aparatos para que salte como «árboles para gatos» o un jardín, terminarán enganchándose en las cortinas.

Arrancarle las uñas nunca debería ser necesario si los dueños están dispuestos a esforzarse y a dedicar tiempo para enseñar a su gato a no arañar los muebles y para cortarle con cierta frecuencia las uñas.

Maullido y lloro

Algunos gatos son muy habladores y parece que no paran de maullar. Las razas orientales son más propensas a comportarse de este modo que otras razas. Estos gatos terminan estando muy apegados a sus dueños, necesitan su compañía y son por naturaleza muy habladores.

Las hembras fértiles de cualquier raza maullarán y llorarán cuando estén en celo y los machos sin castrar tienen un maullido especial cuando buscan una gata.

Cuando los maullidos sean excesivos o empiecen de repente en un gato tranquilo posiblemente sea debido a un problema de salud como hipertiroidismo o si es un gato de avanzada edad disfunción cognitiva o alzheimer felino. Si por el contrario, el gato está sano podría ser un signo de ansiedad. Si el gato maúlla cuando pierde de vista a su dueño pero está tranquilo ante su presencia, podría estar sufriendo ansiedad por separación (ver más adelante).

Tratamiento

Si el problema empieza en un gato que antes era tranquilo, llévelo para que le sometan a un chequeo completo.

Si todo está bien, examine si ha habido algún cambio importante en la vida de su gato que pueda haberle influido.

Si el gato maúlla y se restriega en usted pero está tranquilo cuando no está con él, puede que sea falta de atención. Intente reservar un tiempo todos los días para pasarlo con él, para ofrecerle toda su atención con juegos y mimos. Otras veces no le haga caso cuando maúlle y préstele atención cuando esté tranquilo. Ponga a disposición de su gato juguetes para cuando esté solo.

Si su comportamiento no mejora con estas tácticas, consulte con un especialista del comportamiento de los animales.

Cómo evitar los maullidos

○ Asegúrese de que siempre tiene la comida disponible en un comedero automático durante todo el día.

○ Haga turnos para dar de comer al gato o para jugar con él.

○ Ponga una puerta de manera que no tenga que avisarle cuando quiera entrar.

○ No le pegue aunque maúlle.

○ Dedíquele unos minutos todos los días.

○ Si es una persona muy ocupada, piense en tener dos gatos para que se hagan compañía. Es mejor criar a dos cachorros que incorporar después un cachorro a un gato adulto.

Ansiedad por separación

Los gatos pueden sentirse muy apegados a sus dueños hasta el punto de ponerse tristes cuando les dejan solos. Estos gatos necesitan estar en contacto continuamente con sus dueños. Maúllan sin cesar cuando les dejan solos. Este rasgo es más común en gatos orientales y en los domesticados.

Tratamiento

○ Anime a su gato a relacionarse con más de un miembro de la familia.

○ Cuando tenga que dejar al gato solo, proporciónele estimulación en el ambiente con juguetes nuevos y huesos de carne para lamer.

○ No le preste atención constante: elija cuándo quiere hacerle caso y cuándo no.

○ Cuanta más estabilidad y rutina tenga en la vida del gato mejor.

○ En casos extremos, puede que necesite medicación contra la ansiedad.

Cómo evitar este tipo de ansiedad

○ Asegúrese de que todos los miembros de la familia tienen contacto con el gato.

○ No dé lugar a un comportamiento en el que busque siempre su atención, muéstrele su afecto de vez en cuando.

○ No lleve siempre consigo los cachorros, déjeles que pasen ratos solos con un juguete o una botella de agua caliente.

○ Algunos gatos mostrarán este comportamiento sea cual sea la educación que hayan recibido.

LA CRIANZA Y LA REPRODUCCIÓN
Un nuevo miembro en la familia

Los cachorros son bonitos y encantadores, pero antes de que decida dejar que su gata que no es de raza tenga una camada, pregúntese a sí mismo si encontrará hogares adecuados para ellos. No olvide que todos los días cientos de cachorros son aniquilados por la sociedad humana.

No existe prueba alguna que afirme que el hecho de parir sea bueno física o mentalmente para su gata, así que no piense que está indefensa si a los seis meses decide castrarla. Si tiene seis u ocho amigos que están esperando un cachorro desesperadamente, entonces puede permitirle que críe sin ningún cargo de conciencia. Si su gata es de raza y la cruza con un gato de raza seguro que podrá regalar sus cachorros.

Pregúntele al criador de su gata o al dueño del gato si tienen alguna lista de gente interesada en un cachorro.

Si decide hacer criar a su gata, intente retrasar el acontecimiento hasta que tenga por lo menos un año. Aunque los gatos pueden criar a los seis meses, lo hacen mejor si se les deja madurar.

Cuando su primer gato llega a la época de celo, notará un cambio instintivo en su comportamiento. Las gatas se vuelven excesivamente amigables, dan volteretas en el suelo y maúllan en un tono que nunca antes lo habían hecho. Cuando la acaricie por la espalda, levantará sus lomos traseros y pisará con las extremidades traseras.

Si su gata no es de raza y tiene la edad adecuada para criar, todo lo que debe hacer es dejarla salir cuando esté

ARRIBA A LA IZQUIERDA: Esta postura conocida como «lordosis» es típica en las gatas en celo.

ARRIBA A LA DERECHA: Cuando los gatos están en celo suelen marcar los objetos de la casa con olor o bien extendiendo la orina o bien restregándose contra ellos.

FOTO SUPERIOR: Aunque los gatos de razas cruzadas son tan bonitos como los de pedigrí auténtico, son más difíciles de dar o vender, así que piénselo bien antes de dejar que su gata críe.

en celo y pronto dará con ella un gato callejero. Antes de hacerlo, asegúrese de que su gata tiene todas las vacunas y ha sido desparasitada y tratada contra las pulgas.

Las gatas son ovuladoras inducidas, es decir, desprenden el huevo del ovario. Se aparean con distintos machos durante el celo y como resultado los cachorros pueden tener diferentes padres. Una vez la hembra haya sido fecundada, dejará de mostrarse en celo.

Si su gata es de raza, deberá encerrarla ya que llegarán varios gatos de muy lejos y se pelearán bajo su ventana. Otra mala noticia es que su gata estará en celo cada tres semanas desde finales de invierno a principios de primavera hasta que la apareen.

Para encontrar un buen compañero consulte con su criador o póngase en contacto con la *Cat Fancy Association* más cercana. Intente ver al gato antes de cruzarlos. Asegúrese de que el criador está registrado y de que el macho está correctamente vacunado y no sufre ninguna enfermedad. Es recomendable llevar a la gata donde esté el gato ya que el gato puede distraerse en un entorno que no es el suyo y además algunas gatas atacan a los gatos que llegan de repente a su territorio.

La gestación (tiempo desde el apareamiento hasta el nacimiento de los cachorros) oscila entre 56 y 63 días. Durante este período, la gata debe estar bien alimentada. Hay comidas comerciales preparadas para gatas preñadas

ARRIBA: Las gatas preñadas permanecen ágiles y juguetonas casi hasta el momento del alumbramiento.
FOTO SUPERIOR: La típica secuencia del apareamiento. Los machos cogen a la hembra por el cuello y cuando la desmonta, la hembra se gira y le escupe o le bufa.

o en período de lactancia, y puede que sea más fácil utilizarlas.

Si prefiere darle comida casera, necesitará aportarle un suplemento de calcio. Pida consejo a su veterinario. Su gata tendrá que ser desparasitada una vez al mes y tratada contra las pulgas con un tratamiento que no dañe a los cachorros (consúltelo con su veterinario).

Durante el embarazo de su gata, acostúmbrela a la zona elegida para dar a luz, que podría ser en una caja o cesta especialmente habilitada en una habitación vacía o en lo alto de un armario. Necesita un lugar donde pueda sentirse segura y relajada y a la vez que sea fácil de limpiar y de mantener caliente. Le ayudará si duerme en ese lugar durante el embarazo.

El nacimiento

Unas doce horas antes de dar a luz, su gata parecerá nerviosa y agitada. Posiblemente coma menos de lo normal y busque compañía humana. Diríjala al lugar preparado para parir y si es necesario siéntese con ella y ayúdela a relajarse.

Por último, comenzarán las contracciones del parto y en esta fase la mayoría de las gatas prefieren estar solas. Vigílela cada veinte minutos o deje que alguien esté en la habitación con ella. Algunas gatas, sobre todo las orientales, pueden sentir pánico durante el parto, sobre todo si es la primera vez. Puede que abandonen a sus cachorros y sigan a su dueño sin dejar de maullar. Estas gatas necesitarán sedantes, así que consulte con su veterinario.

Los cachorros nacen por intervalos, pueden pasar entre treinta y sesenta minutos de uno a otro. Rara vez pueden pasar horas entre un cachorro y otro. Si la gata no está afligida ni apurada no se preocupe. Si parece débil, afligida y no muestra interés por los cachorros que acaba de tener dígaselo a su veterinario. Si tras veinte minutos de parto, aún no ha nacido ningún cachorro, busque ayuda veterinaria de inmediato.

Las gatas son madres maravillosas y rápidamente lavan a sus cachorros e ingieren la placenta después del nacimiento. Muchas gatas ronronean enérgicamente durante todo el proceso. Si por alguna razón su gata no limpia sus cachorros después del nacimiento, tendrá que intervenir usted. Utilice guantes y retire las membranas de la boca del cachorro y una toalla para limpiar bien todo el cuerpo. Si coge el cachorro boca abajo, le ayudará a que expulse todo el fluido de las vías respiratorias.

La cría de los cachorros

Los cachorros deben empezar a mamar a los 10 o 20 minutos de su nacimiento. Si alguno parece tener alguna dificultad consulte a su veterinario. A su gata déjele fácil acceso a la comida y al agua mientras esté alimentando a sus cachorros.

Los cachorros empiezan a ingerir comida sólida a las dos o tres semanas. Déles comida comercial preparada para cachorros. También puede darles leche especial para cachorros. No les dé leche de vaca o de cabra porque contienen lactosa y puede que los cachorros no sean capaces de digerirla bien.

FOTO SUPERIOR: El parto: parir, comer después de parir y amamantar a los cachorros.

Proporciónoles dos cajones de arena y cámbiela varias veces durante el día. Los cachorros empezarán a utilizar los cajones a partir de las dos o tres semanas.

Debe desparasitar a su gata todos los meses y a los cachorros cada dos semanas hasta que tengan tres meses, empezando a las dos o tres semanas de edad. El tratamiento contra las pulgas de la madre debe continuar mientras los amamanta, utilizando un producto no tóxico para los cachorros. Los cachorros no necesitarán un tratamiento aparte hasta que no dejen de mamar.

Los cachorros pueden estar mamando hasta que tienen siete u ocho semanas. Su gata pasará menos tiempo con ellos en esta fase y ellos ya comerán bastante comida sólida.

Es importante que los cachorros tengan contacto humano entre las dos y las siete semanas. Si no es así, se mostrarán tímidos o agresivos hacia las personas y no será fácil encontrarles una casa. Cuanto más contacto tengan con gente nueva, menos estímulos de miedo, incluyendo otros animales y ruidos, más fácilmente se adaptarán a sus nuevo hogares.

Un cachorro recién nacido es ciego y sordo, aunque tiene desarrollado un fuerte sentido del olfato.

A la semana abre los ojos y empieza a desarrollarse el oído.

A las tres semanas, el cachorro empieza a controlar sus patas.

A las seis semanas el cachorro ya puede ser autosuficiente.

El desarrollo de los sentidos de un cachorro

EL GATO ADULTO

Una jubilación feliz

En los últimos veinte años, la esperanza de vida en los gatos ha aumentado al menos a dos años más, debido en gran parte por el resultado de una nutrición y unos cuidados de salud mejores. Ahora hay más gatos mayores y al igual que nuestros mayores necesitan más cuidados.

Síntomas de envejecimiento

Con el aumento de edad, llega un deterioro gradual de salud, y aunque no se puede hacer nada para detener el proceso, es posible reducir los efectos. Así que tome nota de los signos de envejecimiento y déle a su gato una ración «extra» del cariño que necesita.

Cambios en el pelo y las uñas

A la mayoría de los gatos no les salen canas conforme se van haciendo mayores pero los procesos de envejecimiento hacen que su pelo crezca más, incluso en razas de pelo corto. Como sus articulaciones se vuelven menos móviles, no son capaces de lavarse bien y su pelo brillante y liso empieza a verse descuidado. Las uñas crecen más rápido, así que necesitan que se las corte más a menudo.

Sueño profundo

Otro signo de envejecimiento es que el sueño se vuelve más profundo y más largo. Muchos gatos mayores se asustan si se les despierta de golpe y otros incluso pueden llegar a bufar o a escupir a su dueño si lo despierta súbitamente tocándolos o molestándolos.

- Deje que su gato duerma tranquilo donde él quiera, donde pueda estar relajado y cómodo.
- Advierta a los niños de la casa que no lo molesten.
- Mantenga el resto de sus mascotas alejadas.

Cambios en la alimentación y en la bebida

Posiblemente, su gato pierda el apetito o rechace la comida; puede que tenga dificultad al comer y al beber. Estos síntomas se asocian normalmente a una inflamación de las encías (gingivitis), formación de sarro o caída de los dientes, algo común en los gatos de avanzada edad.

Un gato a esta edad también puede tener mucha más sed que antes. Esto puede ser síntoma de que padece algún problema de intestino o de salud.

Estos gatos pueden recuperarse con un simple ajuste en su dieta el permitiéndoles así una digestión más fácil. Muchos veterinarios recomiendan una dieta de bajo contenido proteínico, para frenar cualquier problema de intestino. No todos los veterinarios están de acuerdo, pero hable con el suyo, que puede recomendarle una dieta terapéutica especial.

Es conveniente realizar revisiones frecuentes de salud y análisis de sangre para controlar el funcionamiento del intestino y del hígado.

FOTO SUPERIOR: Los gatos mayores necesitan más cariño que nunca. A veces, les resulta difícil lavarse y seguro que aprecian que los peine con regularidad.

Pérdida de peso

Esto puede ocurrir a lo largo de muchos meses aunque el gato coma bien, pero como la pérdida de peso es gradual puede que ni lo perciba. Una posible causa es la hiperactividad de la glándula tiroides, enfermedad curable.

Problemas digestivos

A medida que un gato envejece, puede sufrir problemas de dientes o de encías que le dificulten masticar y su sistema digestivo puede dejar de funcionar correctamente. La sintomatología de problemas digestivos incluye vómitos de comida o bilis (amarilla verdosa), saliva, diarrea y estreñimiento. Esto puede solucionarse:

○ Con 3 o 4 comidas en pequeñas cantidades al día.
○ Incluyendo la comida hecha puré en su dieta.
○ Comiendo proteínas más digestivas (yema de huevo poco cocida).
○ Cambiando la dieta a la que le aconseje su veterinario.

Problemas de artritis y osteoartritis

El primer signo de la artritis y la osteoartritis es la rigidez al levantarse y empezar a moverse. Esta rigidez mejora conforme va pasando el día. En los casos más extremos, el gato anda con dificultad, con debilidad en las piernas traseras, cojera y síntomas de dolor.

Dos tercios de los casos de osteoartritis en gatos son detectados por los dueños, de modo que tan pronto como se dé cuenta de algún signo, consulte a su veterinario y siga su consejo.

Los tratamientos incluyen:

○ Un medicamento no esteroidal, antiinflamatorio, que le dará todos los días en forma de tableta para tratamientos de larga duración.
○ Medicamentos que ayuden a la producción de fluido.
○ Algunas homeopatías y remedios naturales, como el extracto de musgo, remedios de hierbas y cartílagos.

ARRIBA: El cambio de color de pelo puede ocurrir como parte del proceso de envejecimiento (igual que a las personas les salen canas), aunque estos cambios sólo pueden indicar salud débil.

Capacidad reducida de la vejiga y pérdida del control de la orina

Un gato muy mayor con artritis tiene la capacidad reducida en la vejiga. Uno de los primeros síntomas pueden ser las visitas frecuentes al cajón de arena o las salidas. En las últimas fases, puede que empiece a perder el control de la orina (incontinencia urinaria) y que se le escapen pequeñas cantidades de orina en los sitios que se siente, se tumbe o duerma.

Estreñimiento

Un gato mayor tiene más dificultad para expulsar las heces y puede que las expulse en intervalos irregulares. Los cambios artríticos pueden impedirlo adoptando una postura normal excretora. Dado que los gatos suelen defecar fuera, quizás no perciba los síntomas hasta pasado un tiempo; por tanto, en cuanto su gato vaya haciéndose mayor, debe observarle más de cerca.

Si se desarrolla el estreñimiento, hable con su veterinario sobre las posibles medidas que pueden ser la adicción de pequeñas cantidades de parafina médica a la comida del gato o un cambio en la dieta.

Incremento de sordera

En las primeras fases, la sordera puede resultar difícil de detectar porque ocurre gradualmente y muchos gatos aprenden a adaptarse a ella. Uno de los primeros síntomas puede ser la falta de respuesta a sus llamadas.

Conforme se deteriore el oído de su gato, será más propenso a sufrir accidentes. Puede que no oiga los coches que entren en su propiedad o que se aproximen por la carretera.

Incremento de ceguera

En las primeras fases, posiblemente no detecte la ceguera. Preste atención:

- Si los ojos aparecen de un color verde azulados la córnea está afectada.
- Si el centro del ojo está blanco, signo de cataratas.
- Si empieza a chocarse contra objetos como los muebles.
- El gato no quiere salir por la noche ni cuando brilla la luz del sol.

Los mismos principios que se aplican para las personas. Intente no mover los muebles de sitio y proteja a su gato del peligro. Un gato parcial o completamente ciego puede llevar una vida normal si está bien familiarizado con los alrededores.

ARRIBA: Algunos gatos llevan mejor la edad que otros. Este gato ha sobrepasado bien sus veinte años, con una calidad de vida excelente.

Demencia senil

Los signos son:

○ Desorientación.

○ Descanso.

○ Más demanda de su atención.

○ Aumento de maullidos.

Igual que las personas mayores, los gatos tienen días buenos y malos. Como dueño tendrá que adaptarse y ser tolerante y agradable ante las necesidades de su gato. A medida que pase el tiempo, necesitará más consejo e implicación de su veterinario y puede que hasta necesite medicación.

Los cuidados de un gato mayor

Puede reducir el estrés en su gato si sigue las siguientes sugerencias:

○ Coloque mantas o trapos cómodos en su lugar preferido para tumbarse lejos del sol y de las zonas húmedas.

○ Protéjalo de situaciones en las que pueda caerse, por ejemplo, coloque barreras delante de las escaleras y asegúrese de que no puede caerse desde un solarium.

○ Si muestra menos interés en la comida, caliéntesela un poco o cámbiele la dieta introduciendo un alimento más sabroso.

○ Ajuste su ingesta de comida a su nivel de actividad. Cuanto menos ejercicio realice un gato, más peso gana y un gato obeso es más propenso a sufrir enfermedades del corazón. Pregúntele a su veterinario sobre otras dietas especialmente

formuladas para problemas de salud como el intestino de edad avanzada.

○ Controle el agua que bebe. Si la cantidad está aumentando, consulte a su veterinario.

○ Lleve a su gato al veterinario para revisiones periódicas. Las vacunas deben estar al día y los dientes y las encías controlados. Los análisis de sangre frecuentes pueden ayudarle a mantener la buena salud de su gato.

○ Si tiene que irse de viaje, contrate a una cuidadora o un hogar alternativo antes de llevarlo con usted.

ARRIBA: Los gatos mayores aprecian el calor y la comodidad, ya que pasan gran parte del día durmiendo.

Un sustituto

A medida que su gato se vaya haciendo mayor, puede que decida traer otro cachorro o gato a su hogar. Necesitará pasar algún tiempo para integrar a los dos animales y evitar la agresión entre ellos, pero creará una fase de transición que le ayudará a superar la pérdida inevitable de un viejo amigo y a adaptarse a las peticiones de su nuevo cachorro o gato.

A lo mejor prefiere esperar. Cuidar a su gato puede que le lleve demasiado tiempo como para tener que quitárselo y dedicárselo al más pequeño.

Si no sabe qué hacer, consulte con su veterinario y/o las enfermeras de su clínica veterinaria. Ellas sabrán muchas historias de dueños que han pasado por la misma situación que usted y seguro que sabrán aconsejarle bien.

Sea cuál sea el momento en que decida tener un sustituto, deberá decidir qué tipo de gato quiere, y seguramente tendrá que aprender una serie de habilidades nuevas para su gato nuevo.

Los últimos días

Con toda seguridad será el período más difícil de todos en su relación con su gato; sin embargo, también puede ser uno de los más memorables. Es la última oportunidad de recompensar a su gato por la compañía que le ha dado durante todos los momentos felices que han pasado juntos. Si sabe lo que le espera durante esos últimos días, sacará las fuerzas necesarias para enfrentarse a ellas y saber que su cuidado y preocupación debe notarlas más que nunca.

Conforme se va haciendo más frágil, su confianza en usted aumentará y su dedicación le llevará gran parte de su tiempo.

A medida que su olfato disminuya, su gato no podrá detectar el aroma de las comidas y se volverá más desconfiado a la hora de comer. Hable del problema con su veterinario y pruebe varios tipos de comida para ver cuál prefiere su gato.

Las pérdidas de orina y el control del vientre pueden resultar en pequeños accidentes que tendrá que limpiar y si el gato duerme en una cesta su cama necesitará cambios y fregados frecuentes.

El aumento de ceguera y sordera será difícil para los dos. Puede que su gato se desoriente y necesite más atención durante el día y durante la noche.

Dedíquele toda su atención. El contacto físico y el mensaje de amor que le transmita son muy importantes. Pase todo el tiempo que pueda con su gato mimándole y acariciándole para que sepa que usted está ahí y lo mucho que le cuida. A veces, un gato mayor o que se esté muriendo puede que ronronee mucho más. No se sabe exactamente por qué ocurre esto pero para el dueño puede ser un sonido de comodidad mientras muchas veces indica una situación mala para ellos.

Tomar una decisión

A veces, la decisión final no la toma usted y el gato muere de forma natural y repentina.

En la mayoría de los casos, no ocurre eso y usted, su dueño, será el que deba tomar la decisión de autorizar la eutanasia. Será muy fácil o muy difícil para usted. Nos enfrentamos con la muerte (de animales y de personas) en la televisión, en las películas cientos de veces al año pero después hemos sido educados en una sociedad que no ayuda a enfrentarse con la muerte y no estamos preparados para ello en la vida real.

Si hay niños en la familia, déjeles opinar y que expresen sus sentimientos. Hable sobre las cosas positivas que les aportó tener un gato y explíqueles que por muy buena salud que tenga un gato, su vida es mucho más corta que la de las personas.

Debe tomar su decisión teniendo en cuenta lo mejor para su gato, no para usted ni para su familia. Tomará la decisión seguramente con la ayuda de su veterinario que puede jugar un papel importante como consejero.

Los veterinarios y su personal entienden por lo que está pasando. Se enfrentan con situaciones así casi todos los días y muchos de ellos han pasado por lo mismo con su propio gato. Entienden su dolor y su sentimiento de pérdida pero también saben que pueden acabar con el sufrimiento de su gato de una manera humana.

ARRIBA: Desde hace tiempo, los gatos son los modelos preferidos de los artistas, y un retrato de su gato es un recuerdo maravilloso de todo el tiempo que compartieron juntos.

Llorar su muerte

El lloro es una reacción humana natural ante la muerte de gatos o de otras mascotas queridas y necesita expresarlo. Existen cinco fases bien documentadas sobre este proceso y pasará por cada una de ellas de un modo u otro.

I. Negación y depresión. Al enfrentarse con que su gato está llegando al final de su vida, sufrirá depresión en mayor o menor grado. Suele pasar muchas veces inconscientemente, y los que estén a su alrededor puede que no lo perciban aparentemente. Quizás se diga a sí mismo: «Se han equivocado»; «Las cosas no son tan malas como parecen»; «Seguro que aún se puede hacer algo». Esta reacción pone a su mente en contra del golpe emocional que está viviendo.

ARRIBA: Es importante que todos los miembros de la familia opinen sobre la eutanasia, ya que todos necesitan su tiempo para decir adiós.

2. *Entre la vida y la muerte.* El debate entre la vida y la muerte de las personas implica ofrecer algo de sacrificio personal si el que estaba en peligro se salva. Es más difícil que pase eso en caso de un animal, pero aún puede darse ánimos a sí mismo diciendo cosas como: «Si mejoras te prometo dejarte dormir en mi cama».

3. *Dolor y miedo.* Su dolor emocional y sus sentimientos de frustración evocan miedo. Este miedo puede dirigirse hacia alguien más, alguien cercano, incluso hacia su veterinario o directamente puede recaer sobre usted y emerger un sentimiento de culpa. En esta fase, el apoyo de su veterinario puede ser fundamental ya que ese sentimiento negativo no es constructivo y necesitará reemplazarlo por pensamientos positivos.

4. *La muerte.* A estas alturas los sentimientos de miedo y culpa han desaparecido. Su gato ha muerto y lo único que queda es un sentimiento de vacío. Cuanto menos apoyo tenga en esos momentos, más le durará ese vacío. Si su familia o amigos no le apoyan, busque ayuda en su veterinario, en un enterrador de gatos o en un consejero profesional.

5. *Aceptación y resolución.* Pasará un tiempo, tres o cuatro meses hasta que se le pase la pena. Los recuerdos ocuparán su sitio y su valoración reemplazará el sentimiento de pérdida. Sus sentimientos más profundos por su gato seguirán ahí, pero ahora serán más positivos ya que recuerda los momentos felices que pasaron juntos. Incluso puede celebrarlos adquiriendo una nueva mascota.

Conocer las fases de los últimos días y cómo su familia, amigos y personal de su clínica veterinaria pueden ayudarle le capacitará para atravesar ese momento con el mínimo dolor y el máximo amor posible.

La vida de nuestras mascotas es más corta que la de las personas y más o menos el dueño sufrirá la pérdida de su queridísima mascota al menos cinco veces a lo largo de toda su vida. Cada vez que eso ocurra, el dueño pasará por momentos dolorosos. No es más fácil cuantas más veces ocurra, ya que cada uno es diferente y el dueño sufre igual por todos.

Eutanasia

El procedimiento de la eutanasia es la inyección de una sobredosis de anestésico por vena. No duele y el gato se queda dormido en unos 15 o 20 segundos. Puede estar presente durante el proceso o no y darle el último adiós después. Usted elige.

Su veterinario y las enfermeras que le ayuden entenderán por lo que está pasando y sus lágrimas serán una reacción natural. Una de sus obligaciones es ayudarle a superar ese dolor.

Entierro o incineración

Su veterinario puede ayudarle a decidir qué hacer después, y si es necesario, lleve a alguien que le solucione todo el papeleo. A lo mejor prefiere incinerar a su gato, en ese caso le devolverán un bote con las cenizas, que puede guardar o enterrar. Si prefiere enterrarlo, puede hacerlo en su jardín o en un cementerio de mascotas.

Consuelo

Para algunos dueños, el dolor se vuelve insoportable. Si le ocurre esto, no siga sufriendo, busque ayuda. Puede encontrarla en un psicólogo tradicional pero en algunos países como Estados Unidos existen instituciones veterinarias con trabajadores sociales especializados en consolar a los dueños de las mascotas. Una vez más, debe pedir consejo a su veterinario.

ARRIBA: Las articulaciones de un gato ya mayor son menos flexibles, y no es capaz de alcanzar todas las partes de su cuerpo con la lengua para lamerse. Su pelo antes brillante, empieza a parecer resquebrajado.

PROTEJA
LA SALUD
DE SU GATO

La clínica veterinaria

Sus gatos necesitan revisiones regulares. Algunas las puede efectuar usted mismo, pero otras deberá realizarlas su clínica veterinaria.

Las clínicas no sólo son centros para curar enfermedades. También son una fuente de información práctica, especializada en productos donde puede pedir consejo a los veterinarios y al personal de la clínica.

La mayoría de las clínicas también actúan como una comunidad de centros de recursos, donde nos informan de los servicios locales, los criadores o centros de acogida de gatos, por ejemplo. Muchas también disponen de tablones en los que sus clientes pueden poner información, como fotos de animales perdidos o cachorros que buscan un hogar.

Los cambios en la ciencia veterinaria en los últimos años y sobre todo en la última década, son muy destacables. Además de radiografías y análisis de sangre rutinarios, los diagnósticos modernos incluyen ultrasonografía (el uso de equipos de escáner de ultrasonidos), imagen de resonancia magnética (RM) y escáner de tomografía asistida por ordenador (TAC).

ARRIBA: A partir de que su gato cumpla los diez años, debería pasar por una revisión anual.
FOTO SUPERIOR: La radiografía es uno de los procedimientos de diagnóstico disponible en los centros de cirugía veterinaria.

Otras áreas especializadas de veterinaria son:

- Anestesia.
- Ortopedia.
- Oftalmología.
- Endocrinología.
- Dermatología.
- Comportamiento animal.
- Dentista.
- Medicina.
- Cirugía.
- Radiología.
- Diagnóstico de imagen.

Algunos métodos de diagnosis y terapia, unos antiguos y otros nuevos, también se están convirtiendo en una parte reconocida del acercamiento comprensivo al cuidado de la salud animal. Conocida como medicina veterinaria complementaria (o medicina complementaria y alternativa), muchos de estos métodos se han estado utilizando en la medicina humana durante años, pero su incorporación a la veterinaria es bastante reciente. Por ejemplo, algunos veterinarios se especializan en acupuntura y acuaterapia (el examen y la estimulación de puntos específicos utilizando agujas de acupuntura, inyecciones, láser a niveles bajos, magnetismo y una gran variedad de técnicas para la diagnosis y el tratamiento; la quiropráctica veterinaria (el examen, la diagnosis y el tratamiento mediante la manipulación de puntos específicos, sobre todo vertebrales y otras áreas de la columna); la terapia de masaje veterinaria; la homeopatía; la medicina botánica, la terapia nutricional e incluso el uso de esencias de flores (extractos diluidos de ciertas flores).

FOTO SUPERIOR: El tratamiento quiropráctico es una de las alternativas de la medicina veterinaria tradicional.

El sistema inmunológico

El cuerpo de los animales está compuesto de varios mecanismos de defensa para protegerlos contra los microorganismos del ambiente.

La piel sana actúa como una barrera física mientras que las membranas mucosas de la nariz, la tráquea y los bronquios ayudan a atrapar las sustancias extrañas e impiden que lleguen a los pulmones. Otras barreras primarias son el ácido en el estómago, que mata muchos organismos y la mucosa producida en la unión de los intestinos. El hígado destruye toxinas producidas por las bacterias.

Estos mecanismos de defensa funcionan bien cuando el animal está sano, pero son menos efectivos cuando está débil, enfermo o deprimido mental o físicamente.

La mayoría de los organismos que producen enfermedades están formados de proteínas. Si un organismo consigue pasar las barreras primarias, el cuerpo rápidamente lo detecta como una proteína extraña y produce anticuerpos contra ella. Los anticuerpos los producen los glóbulos blancos que se encuentran principalmente en los nódulos linfáticos y en el bazo. Circulan por la sangre y suelen ser muy específicos, destruyendo sólo el organismo (antígeno) que estimuló su producción.

Esta primera vez el cuerpo del gato se enfrenta a una enfermedad específica, introducida por el medio ambiente o mediante una vacuna y suele tardar unos diez días en fabricar los anticuerpos. La próxima vez que ocurra esta enfermedad, la producción de anticuerpos tendrá lugar rápidamente, para impedir que se establezca en el cuerpo.

Los niveles de anticuerpos disminuyen con el tiempo, pero enseguida se encuentra el antígeno otra vez (o por infección o por vacuna) y la producción de anticuerpos se reinicia inmediatamente.

La inmunidad que crean las vacunas no suele durar tanto como la inmunidad natural creada al haber estado expuesto

FOTO SUPERIOR: Los cachorros reciben los anticuerpos de la leche materna, que los protegen contra ciertas enfermedades hasta que tienen entre seis y doce semanas.

a una enfermedad, lo que explica por qué se necesitan muchas vacunas a la hora de mantener al animal protegido.

Inmunidad (materna) pasiva

La inmunidad pasiva se da cuando el animal recién nacido adquiere anticuerpos de su madre.

Los animales recién nacidos tienen un sistema inmunitario rudimentario que tarda varias semanas en desarrollarse por completo. Para protegerlos durante este período, reciben inmunidad pasiva de su madre en forma de anticuerpos. Algunos entran en su cuerpo mientras están en el útero, pero la mayoría los toma del calostro de su madre o de la primera leche. Este es un período crítico para el animal recién nacido que sólo puede absorber los anticuerpos durante el primer y el segundo día después de nacer. Si una gata tiene un parto prolongado o da a luz a una camada numerosa, los que antes nazcan tendrán más oportunidades de ingerir calostro que los que nazcan después, por tanto el grado de inmunidad pasiva puede variar de unos cachorros a otros.

Una gata sólo puede transmitir anticuerpos de enfermedades que ha sufrido ella o contra las que la han vacunado. Además, una gata que no esté vacunada o que viva aislada de otros gatos tendrá menos anticuerpos y sus cachorros serán más vulnerables desde su nacimiento. Una gata utilizada para criar debe estar vacunada y tener todas las vacunas al día.

La inmunidad pasiva materna es sólo temporal. La inmunidad pasiva se debilita con el tiempo, la cantidad de anticuerpos en la sangre se reduce a la mitad en unos siete días. En la mayoría de los cachorros, el nivel de inmunidad materna se habrá reducido a cero a las doce semanas.

Inmunidad activa

La inmunidad activa es el resultado de la producción de anticuerpos de un animal desde su propio sistema inmune, como respuesta a una enfermedad o a una vacuna.

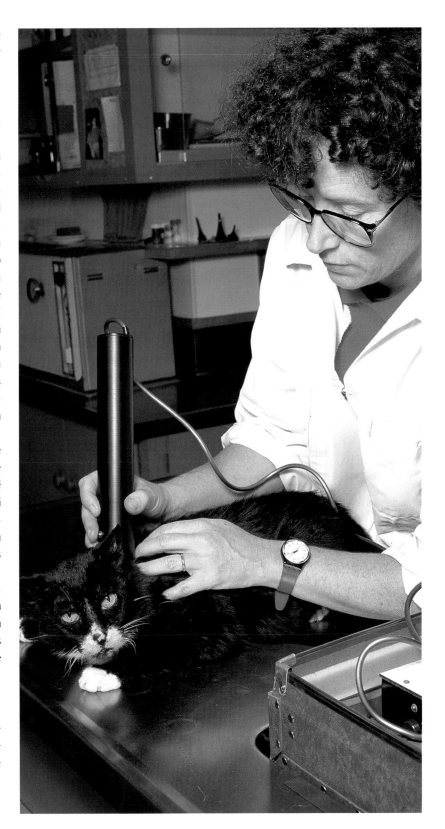

ARRIBA: La terapia láser sin dolor puede ser efectiva a la hora de aliviar dolores musculares y puede agilizar la curación de heridas de ligamentos.

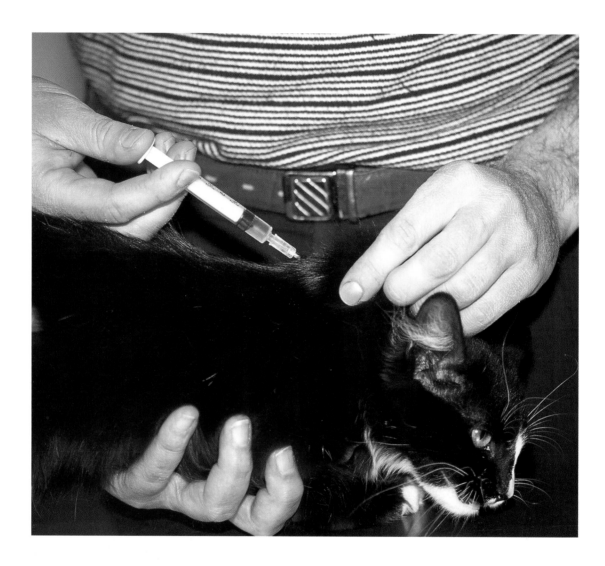

Para protegerlos, los cachorros deben desarrollar su propia inmunidad activa bien por contacto con una enfermedad específica bien mediante las vacunas.

Mientras su inmunidad pasiva sea alta, el cachorro está protegido de enfermedades y su propio sistema inmune puede que no responda a una vacuna, aunque algunas vacunas están diseñadas para sobrepasarlo y estimular el sistema inmune del cachorro.

Aunque ya sabemos que el nivel de inmunidad pasiva disminuye, no podemos saber con seguridad a qué edad cada cachorro perderá totalmente esa inmunidad y responderá a las vacunas. En algunos cachorros, esto puede ocurrir mucho antes de las doce semanas, así que correrán el riesgo de enfermar si no les vacuna y están expuestos al virus.

La recomendación típica para un cachorro de una gata que está bien vacunada es inyectarle dos vacunas, la primera a las nueve o diez semanas y la segunda (más fuerte) cuatro semanas después. En las zonas de alto riesgo, las vacunas deben empezar a las seis semanas y repetirse en intervalos hasta las doce semanas. Su veterinario le aconsejará si es necesario.

Vacune a su gato

En muchos países, los programas de vacunas rutinarias han reducido en gran parte la incidencia de muchas enfermedades felinas graves. Están disponibles diferentes marcas de

FOTO SUPERIOR: Cuando adquiera a su nuevo gato, regístrelo en su veterinario local, quien tendrá al día los historiales de vacunas y fechas importantes para que usted no tenga que acordarse de todos esos detalles.

vacunas incluidas las vacunas múltiples que son efectivas contra muchas enfermedades. Su veterinario le dirá cuáles son las vacunas adecuadas para su gato.

Enfermedades respiratorias en los felinos

Muchos organismos diferentes pueden causar infecciones respiratorias en los gatos, pero dos en particular suelen ser los responsables en el 90% de los casos de la enfermedad que comúnmente se llama gripe felina.

El herpes virus felino tipo I es un virus igual al que causa los resfriados en las personas. La enfermedad se llama rinocrateitis viral felina (RVF) y es muy contagiosa. Los signos iniciales son estornudos, fiebre y una descarga de los ojos y la nariz que pronto se vuelve purulenta debido a la infección secundaria de la bacteria.

A medida que la enfermedad progresa, el gato puede desarrollar úlceras en la boca, bronquitis y finalmente neumonía. Una gata embarazada puede abortar. Aunque no muchos gatos adultos mueren por esta enfermedad, la tasa de mortalidad entre los cachorros oscila entre un 50 y un 60%. Los gatos que se recuperan mantienen el virus durante años. Muchas veces no son contagiosos para otros gatos pero vuelven a recaer cada vez que el virus se activa.

Un porcentaje similar de infecciones respiratorias felinas son causadas por el calicivirus felino (CVF). En estos casos son normales las úlceras en la boca, la nariz y la lengua. Otros síntomas son similares a los del RVF, aunque la enfermedad es menos grave. Los gatos que se recuperan cargan con el virus que puede estar continuamente activándose.

Las infecciones respiratorias debidas a la combinación de ambos virus no son muy comunes.

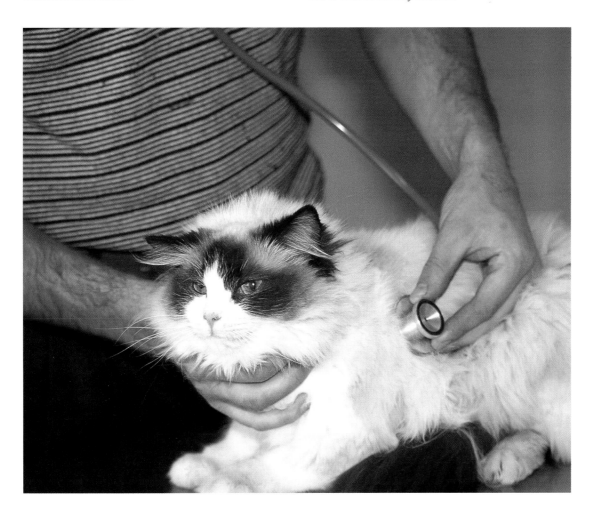

ARRIBA: El latido del corazón del gato es normal, y un chequeo del corazón debería ser obligatorio una vez al año.

La enteritis infecciosa felina

También conocida como panleucopenia (FPL) era una de las enfermedades más comunes, muy extendida y más grave entre los gatos domésticos. Gracias a los programas de vacunación ahora ya está controlada. Provoca un descenso del número de glóbulos blancos y los síntomas son fiebre, pérdida de apetito, vómitos, depresión y diarrea. Los cachorros son los más propensos y existe una alta tasa de mortalidad. Los gatos que sobreviven quedan debilitados para el resto de su vida.

Virus de la leucemia felina (FeLV)

Esta es la causa más importante del cáncer felino. Los síntomas varían y pueden incluir vómitos, diarrea, letargo y dificultades respiratorias.

Existen varios tipos de tratamientos, incluso quimioterapia, pero normalmente no tienen mucho éxito.

La leucemia afecta al 1-2% de los gatos, pero la enfermedad es más común en unos países que en otros, por lo que debería consultar con su veterinario para conocer la incidencia en su zona y si su gato necesita una vacuna.

Un 5% de las infecciones respiratorias están originadas por el *Chlamydia psittaci*, un organismo llamado riquetsia que no es ni virus ni bacteria. Causa una enfermedad en su día llamada neumonitis felina y que, a diferencia de los virus mencionados anteriormente, responde a determinados antibióticos. Origina conjuntivitis ocular y rinitis nasal además de otros síntomas no muy frecuentes como la fiebre u otros problemas respiratorios más graves; rara vez causa la muerte. Sobre todo, puede ser un problema donde haya grupos de gatos como en un barco o en los criaderos.

La rabia

En los países en los que esta enfermedad es endémica, los gatos están protegidos mediante vacunas rutinarias. La rabia puede afectar a todos los mamíferos y casi siempre es mortal. Se contagia a través de la saliva de animales infectados, normalmente por una mordedura y también puede extenderse mediante saliva infectada que entre en contacto con las membranas mucosas (ojos, nariz y boca) o con una herida cutánea.

Los zorros europeos son los principales portadores, mientras que en América del Norte los mapaches, murciélagos, mofetas, zorros y coyotes son los culpables. En México

FOTO SUPERIOR: Una amistad no muy común: preséntele a su cachorro a esta pequeña mascota familiar y podrán convertirse en muy buenos amigos. No olvide que los cerdos de Guinea y los gatos pueden contagiarse las pulgas.

y en otros países de América Latina y Central, los gatos son los principales portadores.

El período de incubación suele ser de dos a ocho semanas aunque puede ser hasta de seis meses. El virus se propaga a través de los nervios hasta el cerebro donde causa la inflamación (encefalitis) provocando síntomas nerviosos. En las últimas fases de la enfermedad, el virus se generaliza a las glándulas salivares y a la saliva.

En las primeras fases de la rabia, normalmente aparecen trastornos de comportamiento y personalidad. Los animales afectados se vuelven ansiosos y extremadamente sensibles al ruido y la luz. Los animales nocturnos pueden verse durante el día y los animales salvajes pueden perder el miedo a los seres humanos. Un gato tímido puede volverse más amigable mientras que un gato amigable puede volverse tímido y esconderse de la luz.

A medida que la enfermedad avanza, los gatos afectados se vuelven vagos e irascibles y es probable que ataquen a otros gatos y a personas sin haberles provocado. Finalmente, desarrollan parálisis en la garganta y en los pómulos por lo que les resulta imposible tragar originando que les caiga la saliva de la boca. Sufren dificultades respiratorias y en las últimas fases el animal se colapsa, entra en coma y muere.

Prevenirla

En algunos países donde la rabia es endémica, le ley exige vacunar a gatos y perros. Muchas naciones en las que la enfermedad no es endémica siguen normas estrictas de cuarentena para evitar su introducción. En Reino Unido, se ha introducido un esquema que permite entrar al país tanto a gatos como a perros vacunados bajo ciertas condiciones (véase el esquema de viaje de las mascotas en las pp. 42-43).

Si su gato se pelea con un mamífero portador de rabia, su saliva podría estar en el pelo del gato o en cualquiera de las heridas que le haya causado.

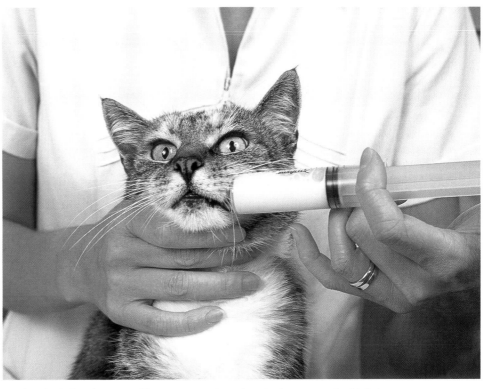

Si cree que su gato se ha peleado con un animal infectado de rabia:

○ No intente capturar al animal que le haya atacado.

○ Cuando agarre a su mascota use guantes y cúbralo.

○ Permita que muy poca gente lo toque.

○ Llame al Control de Animales u organización similar.

○ Acuda al veterinario.

○ Si su gato está vacunado contra la rabia, pida consejo para inyectarle una más fuerte en las 72 horas siguientes (obligatorio en EE.UU).

○ En EE.UU, si su gato no recibe una vacuna más fuerte en 72 horas, a menos que el animal atacante dé negativo en las pruebas, deberá estar en cuarentena durante seis meses en una clínica veterinaria o a disposición del Control Animal.

Si le muerde o le araña un animal infectado o si su saliva se introduce en una herida o entra en contacto con su nariz, ojos o boca, lave la herida utilizando jabón o detergente.

Estos eliminan el virus más rápido que cualquier desinfectante. Póngase bajo atención médica, el tratamiento consiste en varias vacunas.

ARRIBA: La manera más fácil de administrar la medicina líquida es con una jeringa.

Tome las siguientes precauciones para prevenir la rabia:

○ No alimente ni atraiga a animales salvajes a su casa.
○ Advierta al Control de Animales si cree que hay un animal con rabia en su jardín. No intente capturarlo.
○ No deje que los murciélagos vivan en su ático.
○ No coja animales muertos ni abandonados.
○ Si existe riesgo personal (p. ej., si trabaja con animales muertos o tejidos nerviosos) consulte a su médico si debe vacunarse.

Parásitos externos

Los parásitos externos viven en la piel del gato. La mayoría de los parásitos externos son específicos, es decir, infectan a una sola especie de animales, a excepción de las pulgas que también infectan a los perros.

Pulgas

La mayoría de los gatos son propensos a las pulgas, al menos una vez en su vida. Las fuentes de contagio pueden ser otros gatos, perros, erizos y hasta conejos. La pulga más común en los gatos es la pulga gatuna (*Ctenocephalides felis*).

El factor natural más importante que domina la población de las pulgas es no tanto la temperatura como la humedad,  ya que la pulga gatuna no puede desarrollarse si existe una humedad inferior al 50%. En invierno, incluso en las casas con calefacción central, la humedad es de un 40%, así que las pulgas no son para nada un problema. En verano, la humedad y la temperatura del aire aumentan, por lo que crece la población de las pulgas.

El síntoma más común de que existe infesta de pulgas es que el gato se rasque continuamente y lama y muerda su pelo. Algunos gatos hasta parecen nerviosos y asustadizos como si estuvieran escapando de sus pulgas. Las pulgas se dan de forma numerosa y afectan más unas zonas que otras, sobre todo en la espalda justo delante del rabo. Puede ver si hay pulgas peinándolo con un peine especial para pulgas que arrancará las pulgas vivas o sus excrementos. Para identificar a éstos últimos, aplástelos entre un trapo húmedo. Contienen sangre digerida y dejarán el trapo granate.

Las pulgas sólo permanecen en los gatos hasta que se alimentan y ponen los huevos. Estos últimos se desprenden y caen al suelo, o bien a la cama del gato o a las alfombras de la casa. El control de las pulgas debe incluir un tratamiento para el gato (o cualquier otra mascota) y otro para el ambiente de la casa.

Existen varios tratamientos disponibles como líquidos, polvos, sprays, collares (que pueden causar reacción en la piel) y medallones que se les cuelgan al gato y desprenden un insecticida. Los tratamientos para el hogar incluyen las bombas antipulgas. Hable con su veterinario para que le recomiende qué productos son mejores para su área.

FOTO SUPERIOR: Los polvos contra las pulgas ya han sido sustituidos en gran parte por los preparados líquidos tropicales fáciles de usar.

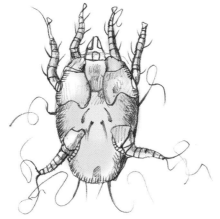

Garrapatas

Son más comunes en las zonas rurales y suelen atacar a la cabeza o al cuello del gato. Para retirarlas, frótelas con alcohol o con alcohol desnaturalizado durante unos minutos y agárrelas lo más pegadas a la piel con unas pinzas, y después arránquelas.

Algunas garrapatas, sobre todo en Australia, son tóxicas y pueden matar a pequeños animales como los gatos. Su veterinario tendrá información actualizada al respecto.

Ácaros

El ácaro del oído (*Otodectes cynotis*) provoca una irritación que hace que el gato se rasque las orejas. Al hacerlo, se introduce una infección de bacterias secundaria y el oído se inflama y duele. Si su gato se rasca las orejas con frecuencia, llévelo al veterinario. El tratamiento suelen ser gotas para los oídos o una pomada. Utilice el producto que le recete su veterinario.

Un ácaro muy pequeño que produce sarna (*Notoedres cati*) puede penetrar por la piel, sobre todo por la cara y entre los ojos y las orejas. Causa irritación, debilitamiento de la piel y como el gato se rasca puede terminar en pérdida de pelo y calvicie. Este tipo de infección tarda cierto tiempo en curarse y el consejo de su veterinario es imprescindible.

La larva del ácaro otoñal (*Trombicula autumnalis*), también conocida como chinche rojo puede infectar al gato durante el verano y a principios de otoño. Suele encontrarse en las zonas menos peludas del gato, como las orejas, las comisuras de la boca, y entre los dedos de los pies. Existen varios insecticidas disponibles, consulte con su veterinario.

Los ácaros del pelo (*Cheyletiella*) son comunes en los gatos, en los perros y en los conejos, cada tipo de animal tiene una especie distinta de ácaros. Estos ácaros pueden causar picor pero el signo más común es caspa profusa sobre todo en la espalda del gato y a los lados. Aunque no es grave para los gatos, este ácaro puede atacar también a las personas, a quienes les causa picores y ampollas que terminan en escamas secas. Las zonas más infectadas suelen ser las manos y los brazos y a veces el pecho.

Los ácaros sarcópticos y los demodécticos son habituales en los perros pero muy raros en los gatos.

Piojos

Los gatos sanos no son propensos a contagiarse pero los enfermos y los débiles pueden contraer esta infección, ya que no son capaces de lavarse bien a sí mismos. Los piojos (*Felicola*) ponen huevos blancos que se pegan firmemente al pelo. Existen varios insecticidas para tratar esta infección.

Parásitos internos

Las revisiones regulares (incluyendo si es necesario el análisis de heces fecales) y las desparasitaciones deberían asegurar que su gato no va a verse infectado por estos parásitos internos. Pregunte a su veterinario cuál es el mejor tratamiento para la infección de su gato.

Las lombrices intestinales

Las lombrices, *Toxocara cati* y *Toxascaris leonina*, son las más comunes en los gatos. Pueden llegar a crecer hasta 10 cm de largo y poner huevos que en buenas condiciones ambientales pueden permanecer viables al medio ambiente durante años. La infección puede ser directa

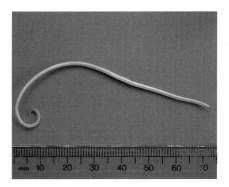

(desde los huevos) o indirecta (desde los huevos que han dado larvas infectadas en un individuo intermediario como un ratón o una rata).

En casi todo el mundo, un gato de cada cinco sufre de lombrices. Aunque los gatos adultos infectados suelen mostrar muy pocos síntomas de enfermedad, la larva de este gusano puede infectar gravemente a los cachorros a través de la leche que maman de la madre.

ARRIBA: Los gatos apenas muestran signos de enfermedad cuando están infectados por la lombriz *Toxocara cati*.

FOTO SUPERIOR: El ácaro más común en los gatos es el ácaro del oído, *Otodectes cynotis*.

Anquilostoma

Suele ser un problema en las áreas calurosas y húmedas, por eso son más comunes en Australia, Nueva Zelanda, parte de Estados Unidos y Sudáfrica que en el Reino Unido. Los gusanos anquilostoma son la especie más importante y una infección fuerte puede causar anemia grave e incluso la muerte. Es imprescindible el tratamiento veterinario.

Okiuros *(Strongyloides)* y Verme Látigo *(Trichuris)*

Se desarrollan en zonas templadas y húmedas como algunas partes de Estados Unidos y Australia y no son tan habituales en gatos como en perros. El ciclo de vida es directo.

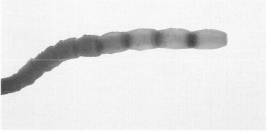

La solitaria

La solitaria más común en los gatos es la *Dipylidium caninum*, transmitida por un gato al comer pulgas o piojos infectados mientras se lava y la *Taenia taeniaeformis*, transmitida por un gato al comer una presa infectada como ratas o ratones.

ARRIBA: Segmentos de la solitaria pueden adherirse a las heces de un gato o al pelo del ano.
FOTO SUPERIOR: Donde las dan, las toman: los ratones infectados por la solitaria le contagiarán el parásito a su asesino, el gato.

Trematodos

Las zonas de más riesgo son sobre todo el norte de Estados Unidos y las regiones tropicales. La mayoría de las infecciones provienen de la ingesta de raspa de pescado por el gato. Es posible un tratamiento.

Los gusanos pulmonares

Los gatos pueden verse afectados por un gran número de especies de gusanos pulmonares, pero la mayoría no ocasionan muchos problemas.

El *Aleurostrongylus abstrusus* necesita tratamiento y los síntomas abarcan desde un leve resfriado a graves problemas respiratorios.

Los gusanos del corazón

Aunque son más comunes en los perros, estos parásitos pueden afectar también a los gatos, sobre todo en las zonas húmedas como en el Mediterráneo, Australia y zonas de Estados Unidos. Los síntomas son resfriados, problemas respiratorios y muerte súbita. El tratamiento es imprescindible.

Toxoplasmosis

La infección causada por el protozoo *Toxoplasma gondii* rara vez produce síntomas en los gatos, pero la importancia de este parásito radica en que la enfermedad puede transmitirse a las personas mediante las heces de gatos infectados. Las mujeres embarazadas corren peligro. Puede tomar precauciones sencillas como colocarse guantes de goma o de algodón cuando vacíe el cajón de la arena y evitar el contacto con las heces. Los cajones de arena deberían estar fuera del alcance de los niños.

Anemia infecciosa felina (AIF)

La incidencia de esta enfermedad varía en distintas partes del mundo. La produce el *Haemobartonella felix* (o *Eperythroon felis*), un protozoo transmitido por la picadura de insectos como mosquitos. Estos parásitos destruyen los glóbulos rojos y los primeros síntomas son membranas de mucosa blanca y letargo. Normalmente, el dueño percibe esta enfermedad en las primeras fases y puede tratarse con antibióticos. Sin embargo, suele asociarse con el virus de leucemia felina (FeLV) y en estos casos las posibilidades de recuperarse son mínimas.

ARRIBA: La infección de hongos tiñosa produce calvicie en la piel del gato y es muy contagiosa para las personas.
FOTO SUPERIOR: Evite el contacto con las heces de su gato ya que pueden transmitirle un gran número de parásitos como el protozoo *Toxoplasma gondii*, use guantes de goma como medida de precaución.

CONTROLE LA SALUD DE SU GATO

Síntomas de enfermedad

Cuanto antes detecte una enfermedad y haga algo para curarla, mejor. El tratamiento será más efectivo y su gato sufrirá menos. Aprenda el procedimiento habitual, para así poder detectar el momento en el que algo anormal ocurra.

Los primeros síntomas de la enfermedad

Uno de los primeros síntomas suele ser un cambio en el comportamiento. Puede que se muestre más quieto, menos activo o indispuesto a la hora de ir a dar un paseo. Puede que tenga más sed o menos hambre. Los gatos, igual que las personas, también tienen días malos, así que debería vigilar el cambio durante uno o dos días seguidos. Si sigue así, entonces empiece a tomar medidas.

Consulte con su veterinario en caso de que su gato muestre cualquiera de los siguientes síntomas:

- Cansancio o letargo anormal.
- Descargas anormales de la nariz, ojos, orejas o cualquier otro orificio abierto del cuerpo.
- Sacudidas de cabeza.
- Si se rasca, se muerde o se lame demasiado en cualquier parte del cuerpo.
- Si le aumenta o le disminuye el apetito de repente.
- Consumo excesivo de agua.
- Eliminación de heces dificultosa, anormal o descontrolada.
- Pérdida o aumento de peso.
- Comportamiento anormal como hiperactividad, agresividad o letargo.
- Olores anormales en cualquier parte del cuerpo.
- Cojera.
- Dificultad al levantarse o al sentarse.

Tan pronto como se percate de alguno de estos síntomas, anótelo ya que puede necesitar esta información si lleva a su gato al veterinario unos días después. Los médicos hablan con su paciente para conocer su historial antes de realizar un examen y realizar un diagnóstico. Los veterinarios no pueden preguntarles a sus pacientes qué les ocurre y dejan en manos de sus dueños ese historial. Cuanta más información pueda ofrecerle, mejor.

Dolor

El dolor es el resultado de la estimulación de terminaciones nerviosas específicas (receptores) del cuerpo. Puede provocarlo muchas cosas entre las que se encuentran heridas, infecciones, envenenamientos o reacciones inflamatorias. Es uno de los primeros síntomas de la enfermedad.

FOTO SUPERIOR: Los cachorros deberían ser vacunados contra enfermedades infecciosas a las ocho o nueve semanas, y como los gatos adultos, necesitarán vacunas anuales.

Cuando nos duele algo, se lo podemos decir a alguien pero un gato no puede hablar y la mayoría de las veces serán sus reacciones las que nos alerten.

- Maullará de dolor si le pisa la pata sin querer o si algo le molesta. Puede que maúlle si le toca en una parte del cuerpo que le duela e incluso llegue a bufarle, morderle o atacarle.
- Si le duele una pata posiblemente la coloca en el suelo pero sin dejar recaer su peso sobre ella, cojear o llevarla levantada.
- Si le duelen los ligamentos, por ejemplo por artritis, seguro que maúlla cuando se levante o se tumbe.
- El dolor o la irritación de las glándulas anales le harán salir corriendo detrás de su rabo por todas partes. Como respuesta a ese dolor suele inspeccionar el área afectada.
- Si le duele un ojo, lo frotará con su pata o lo restregará contra algún objeto.
- Si le duele un oído inclinará la cabeza hacia ese lado y la sacudirá.
- El dolor de boca puede que le haga salivar y sacudir la lengua.

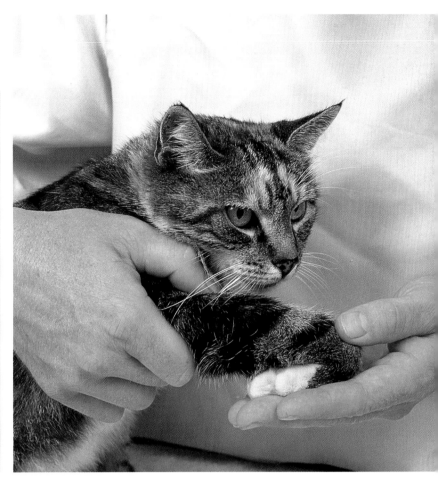

Es más difícil detectar el dolor cuando el gato sufre dolor espinal, de cabeza o interno. Lo único que indica que algo va mal es un cambio en su comportamiento.

Sospeche dolor espinal si su gato:

- Parece cojear pero no tiene ninguna extremidad lesionada.
- Se resiente al tocarle la espalda.
- Hunde la espalda y tiembla cuando está de pie.
- Es incontinente.
- Tiene dificultad al adoptar la postura normal para defecar.
- Se colapsa sobre sus piernas delanteras.

Sospeche dolor de cabeza si su gato:

- Tiene los ojos medio cerrados cuando no padece ningún problema en los ojos.
- Aprieta lo alto de su cabeza contra objetos.
- Agita la cabeza despacio pero con frecuencia.
- Mira de una manera vaga.

Sospeche dolor interno si su gato:

- Pasa mucho tiempo tumbado.
- Está decaído y no es capaz de incorporarse.
- Tiene los músculos abdominales tensos o una postura encorvada.
- Hace fuerza para hacer sus necesidades pero no lo consigue.
- Normalmente es manso y de repente se vuelve agresivo.

Qué hacer

Si el dolor lo causó un accidente sin importancia (alguien le pisó la pata) utilice el sentido común y controle las salidas. Si el dolor persiste unas horas más tarde, debería hablar con su veterinario.

Si el dolor es el resultado de algo más grave, o si no es capaz de averiguar la causa, necesita el consejo de su veterinario.

FOTO SUPERIOR: No siempre existe una razón obvia para la cojera. Su veterinario es quien mejor establecerá la causa.

Problemas de la sangre y del sistema circulatorio

SÍNTOMAS	POSIBLES CAUSAS	ACCIÓN
Intolerancia al ejercicio, letargo, debilidad (cachorros o gatos jóvenes).	Malformación congénita en la que la sangre pasa a los pulmones.	Llévelo al veterinario en cada caso.
Como arriba, crecimiento lento, abdomen distendido.	Defecto congénito en el que la sangre pasa al hígado.	
Como arriba (cualquier edad).	Defecto en la válvula del corazón.	
Como arriba (cualquier edad).	Anemia.	
Tos.	Insuficiencia cardíaca congestiva (enfermedad crónica del corazón). Tumor en el corazón. Gusanos del corazón (ver p. 95).	Llévelo al veterinario.
Respiración anormal.	Congestión de los pulmones debida al mal funcionamiento del corazón. Envenenamiento químico. Anemia.	URGENTE. Llévelo al veterinario.
Matiz pálido o azulado en las encías.	Envenenamiento químico. Mal funcionamiento del corazón. Disminución anormal de glóbulos rojos. Alteración en la circulación de la sangre.	Llévelo al veterinario.
Ictericia (matiz amarillento en encías) y la parte esclerótica de los ojos (blanco de los ojos).	Disminución anormal de los glóbulos rojos. Infección secundaria del hígado.	Llévelo al veterinario.
Distensión abdominal.	Acumulación de fluido debido al mal funcionamiento del corazón.	Llévelo al veterinario.
Pérdida del uso de las extremidades traseras, aullidos, patas traseras frías.	Trombosis aorta (coagulo de sangre bloquea una o dos arterias femorales).	URGENTE. Sólo la mitad de los gatos se recuperan con el tratamiento.

Problemas de oídos

SÍNTOMAS	POSIBLES CAUSAS	ACCIÓN
Sacudidas de cabeza, rasca las orejas, flujo ennegrecido.	Ácaros del oído.	Llévelo al veterinario.
Sacudidas de cabeza, flujo oloroso rojizo, blanquecino o amarillo. Dolor de oído al tocarle.	Inflamación del canal del oído y dentro del oído. Infección del oído externo (otitis externa) causada por una mezcla de bacterias, hongos y ácaros. Puede causar un dolor muy fuerte y molesto y termina con el oído dañado para siempre.	No le ponga nada dentro del oído, ya que el tambor puede romperse y algunos tratamientos pueden ser dolorosos si se introducen dentro del oído. El veterinario comprobará que el tímpano esté intacto y puede que tome una muestra para saber qué organismos infecciosos están presentes. Siga el tratamiento que le recete su veterinario.
Inclinación de cabeza hacia un lado, pérdida de equilibrio, movimiento anormal de los ojos (*nystagmus*). Sacudidas de cabeza.	Otitis media y otitis interna. Un cuerpo extraño penetra en el tambor del oído o infección del oído crónica.	Llévelo al veterinario. El tratamiento puede constar de antiinflamatorios antibióticos o medicamentos que eviten los vómitos.
Costras en orejas blancas.	Quemaduras del sol (los gatos blancos son especialmente propensos).	Si las costras son superficiales y la piel está enrojecida son quemaduras solares. Aplíquele protector tres veces al día y manténgalo alejado del sol.
	Cáncer de oído. Los gatos blancos son especialmente propensos.	Si las costras son profundas, permanentes y nunca se curan es cáncer de piel. El tratamiento consiste en pulverizarla con nitrógeno líquido o extracción quirúrgica de las costras.

Problemas endocrinos

SÍNTOMAS	POSIBLES CAUSAS	ACCIÓN
Alargamiento abdominal, sed excesiva, pérdida de pelo simétrica, cambios de pigmentación.	Hiperadrenocorticismo (producción excesiva de adrenalina.	Llévelo al veterinario.
Sed excesiva, aumento de apetito y orina, pérdida de peso (edad media o gato mayor).	Diabetes mellitus.	Llévelo al veterinario.
Cuello hinchado, hiperactividad, aumento del apetito, más maullidos y orina de lo normal, sed excesiva y pérdida de peso.	Hipertiroidismo (exceso de la hormona tiroides).	Llévelo al veterinario.

Problemas oculares

SÍNTOMAS	POSIBLES CAUSAS	ACCIÓN
Evita la luz, parpadea.	Numerosas.	Llévelo al veterinario.
Ojos llorosos, secreción de líquido.	Viento, polvo, fuerte luz solar, alergia o bloqueo del conducto del lacrimal.	Baño de agua fresca, hervida o de colirio. Si no se le aclaran, llévelo al veterinario.
Ojos llorosos, secreción clara o purulenta, el blanco de los ojos inflamado y golpes con las patas sobre los ojos.	Conjuntivitis viral o bacteriana.	Llévelo al veterinario.
Como arriba pero sólo en un ojo.	Puede que se le haya metido algo en el ojo o que tenga una herida.	Llévelo al veterinario.
Secreción pegajosa y purulenta, superficie del ojo seco, conjuntiva inflamada.	Ojo seco (*keratoconjunctivitis sicca*).	Llévelo al veterinario.
Los ojos parecen estar blancos y la vista del gato afectada.	Cataratas.	Llévelo al veterinario.
El gato parece ciego, no tiene más síntomas.	Degeneración de la retina.	Llévelo al veterinario.
Cierra un ojo, evita la luz, le duele, le llora el ojo, sangre en el ojo.	Inflamación del ojo.	Llévelo al veterinario.

Problemas oculares *(continuación)*

SÍNTOMAS	POSIBLES CAUSAS	ACCIÓN
Un punto o una línea blanca en la superficie del ojo, ojo lloroso.	Úlcera de la córnea, resultado de un arañazo.	Llévelo al veterinario.
El tercer párpado visible.	Nervio dañado.	Llévelo al veterinario.
Aprieta la cabeza contra objetos, le sobresale el ojo y evita la luz.	Glaucoma (hinchazón del ojo debido a una acumulación de líquido).	Llévelo al veterinario.

Problemas intestinales

SÍNTOMAS	POSIBLES CAUSAS	ACCIÓN
Come bien pero está delgado.	Gusanos.	Tratamiento contra los gusanos.
Vómitos y diarrea (pueden alternarse), pérdida de peso.	Inflamación del intestino (IBD), la inflamación del intestino y una reducción en su capacidad para absorber nutrientes. Posiblemente, exista un crecimiento excesivo de bacterias. Dado que los gatos afectados no absorben las proteínas suficientes, como consecuencia pierden peso.	Llévelo al veterinario.
Flatulencia.	Alimenticia. Se da en cachorros.	Cambio en la dieta.
Pérdida de peso crónica a pesar de tener un apetito normal o excesivo.	Gusanos, tumores intestinales, discapacidad para absorber nutrientes.	Hable con su veterinario para confirmar la causa.
Vomitar y no comer	Inflamación del intestino (ver arriba).	Llévelo al veterinario.
Postura encorvada.	Cuerpo extraño, estreñimiento o dolor abdominal.	Llévelo al veterinario en cualquiera de los casos.
Dificultad para defecar, heces muy duras, deja de hacer fuerza en cuanto expulsa las heces, no hay vómitos.	Estreñimiento, común en los gatos mayores y en los gatos de pelo largo.	Adminístrele una cucharadita de parafina medicinal. Si no defeca en las ocho horas siguientes, llévelo al veterinario.
Hace mucha fuerza al defecar, pocas heces, deprimido, posibles vómitos.	Estreñimiento severo.	Llévelo al veterinario para averiguar la causa.

Problemas intestinales (*continuación*)

SÍNTOMAS	POSIBLES CAUSAS	ACCIÓN
Diarrea, una o dos gripes, sin sangre, el gato despierto y alerta, no hay vómitos.	Intolerancia a la comida, enteritis bacteriana leve.	Un día a agua, despúes dieta blanda durante 24 horas. Si la diarrea para, vaya introduciendo poco a poco la dieta normal. Si continúa, acuda al veterinario. Déle leche comercial baja en lactosa.
Como arriba, después de que el gato haya bebido leche de vaca.	Intolerancia a la lactosa.	
Diarrea frecuente y persistente, aunque el gato está alegre.	Giardiasis (infección de Giarda), coccidiosis.	Llévelo al veterinario en cada caso.
Diarrea, frecuente, puede que con sangre, depresión, dolor abdominal.	Enteritis bacteriana (por ejemplo la salmonella o *Campylobacter*). Colitis, tumor.	Llévelo al veterinario en cada caso.

Problemas de hígado, de bazo o del páncreas

SÍNTOMAS	POSIBLES CAUSAS	ACCIÓN
Distensión abdominal, con o sin ictericia.	Tumor en el hígado.	Llévelo al veterinario.
Vómitos, ictericia, orina oscura, dolor abdominal, poco apetito.	Bloqueo del conducto hepático o ruptura del mismo.	Llévelo al veterinario.
Vómitos, diarrea, ictericia.	Peritonitis infecciosa felina (PIF).	Llévelo al veterinario.
Graves, vómitos persistentes, fiebre, dolor abdominal.	Pancreatitis, las encimas digestivas del páncreas son segregadas en el tejido pancreático causando su inflamación y su destrucción. Puede causar la muerte. Los animales recuperados pueden sufrir disfunción permanente de la glándula.	Llévelo al veterinario.
Sed excesiva, hambre, alargamiento abdominal, letargo, pérdida de peso.	Diabetes mellitus. Si el páncreas no produce insulina suficiente, los niveles de glucosa aumentan en la sangre. La glucosa pasa entonces a través del intestino hasta la orina, llevándose el agua con ella.	Llévelo al veterinario para que le haga análisis de sangre y de orina. Algunos casos se pueden curar adaptando la dieta. La mayoría de los casos exigen inyecciones de insulina que se ponen en casa.

Problemas de hígado, de bazo o del páncreas (*continuación*)

SÍNTOMAS	POSIBLES CAUSAS	ACCIÓN
Gato tembloroso y descoordinado, puede terminar en depresión, gato fuera de lugar, puede chocarse contra las cosas. Si no se trata, se bloqueará.	Hipoglicemia (nivel bajo de azúcar) debido a demasiada insulina o a una baja alimentación.	La hipoglicemia puede darse en gatos que reciben inyecciones de insulina si está sujeto a demasiado ejercicio o actividad, si pasa mucho tiempo entre las comidas o si se ha perdido una de ellas. Los niveles de glucosa inapropiados en la sangre son mucho más bajos por la inyección de insulina, provocando el bloqueo, el coma y las convulsiones. El tratamiento consiste en darle glucosa o miel por la boca. Los dueños de un gato diabético deberían tener siempre a mano estas sustancias en caso de emergencia.
Muy deprimido y postrado. Puede que la respiración le huela a acetona.	Cetoacidosis (construcción de cetones en la sangre) puede darse si no se controla bien la diabetes y el azúcar alcanza altos niveles.	Llévelo al veterinario.
Comatosis felina.	Puede ser cetoacidosis o hipoglicemia.	ACCIÓN URGENTE. No intente tratarlo. Llévelo al veterinario.

Problemas de boca y esófago

SÍNTOMAS	POSIBLES CAUSAS	ACCIÓN
Mala respiración.	Sarro en los dientes.	Llévelo al veterinario. Pueden hacerle una limpieza de dientes con anestesia.
Mala respiración, encías sangrientas, dificultad al comer.	Gingivitis (inflamación de encías).	Como arriba.
Dificultad al comer, mala respiración, babea, sacude la lengua.	Dientes rotos o infectados.	Llévelo al veterinario para que le saque los dientes. Puede que otros dientes necesiten una revisión.

Problemas de boca y esófago (*continuación*)

SÍNTOMAS	POSIBLES CAUSAS	ACCIÓN
Babea, se da con la pata en la boca y puede que trague continuamente.	Un cuerpo extraño (un hueso o un palo) se le ha pegado en el paladar o una espina de pescado en el labio. Un corte en la lengua por una pelea o por lamer la comida dentro de la lata.	Si puede, ábrale la boca y revísela. Quite cualquier cuerpo extraño. Si no, llévelo al veterinario.
	Un aguijón en la boca (en la lengua, dentro de los pómulos o en las encías).	Si puede, ábrale la boca y observe. Extraiga el aguijón con unas pinzas. Mírele la boca regularmente y si la tiene hinchada llévelo al veterinario.
	Lengua inflamada.	Si la lengua está inflamada, investigue el acceso que tiene a sustancias irritantes. Lleve una muestra de la sustancia al veterinario.
Babea, estornuda o tose.	Un objeto clavado en la garganta. Un tumor en la lengua.	Como antes. Llévelo al veterinario en todos los casos.

Problemas en el sistema nervioso

SÍNTOMAS	POSIBLES CAUSAS	ACCIÓN
Pérdida del equilibrio, descoordinado.	Infección media de oído. Enfermedad del vestíbulo (infección, inflamación o tumor que afecten al vestíbulo). Tumor cerebral. Dolencia en el cerebelo.	Llévelo al veterinario en cada caso.
Como arriba, la dieta del gato contiene pescado crudo.	Deficiencia de tiamina.	Llévelo al veterinario para que le ponga inyecciones de tiamina y cámbiele la dieta.
Espasmos musculares, convulsiones o ataques, embarazo tardío o en las ocho semanas siguientes al parto.	Eclamsia (bajos niveles de calcio en la sangre).	Llévelo al veterinario.
Espasmos musculares, ataques o convulsiones.	Epilepsia, envenenamiento, tumor cerebral.	URGENTE. Comience el tratamiento de inyecciones de calcio. Llévelo al veterinario.
Presión en la cabeza, dolor de cabeza más todo lo anterior.	Encefalitis o meningitis.	URGENTE. Llévelo al veterinario.
Colapsos, párpados visibles, extremidades rígidas, rabo recto, contracción de los músculos faciales.	Infección del tétano.	Llévelo al veterinario.

CONTROLE LA SALUD DE SU GATO
Problemas de boca y esófago - en el sistema nervioso -
reproducción - sistema respiratorio

Problemas en el sistema nervioso (*continuación*)

SÍNTOMAS	POSIBLES CAUSAS	ACCIÓN
Salivar, puede haber otros signos. Salivar, cambio de comportamiento.	Envenenamiento. Rabia.	Llévelo al veterinario.
Posición anormal de la cabeza, ojos van de un lado para otro.	Dolencia de oído. Dolencia vestibular (infección, inflamación o tumor que afectan al vestíbulo). Tumor cerebral.	Llévelo al veterinario en cualquier caso.
Colapso de las piernas traseras con o sin dolor agudo.	Protrusión discal en la región torácica o lumbar.	Llévelo al veterinario.
Colapso, anda haciendo círculos o parálisis parcial, los párpados cerrados en parte, parpadeo.	Golpe.	Llévelo al veterinario.

Problemas de reproducción en gatas

SÍNTOMAS	POSIBLES CAUSAS	ACCIÓN
Estro excesivo.	Quiste en el ovario.	Llévela al veterinario.
Mucha sed, poco apetito, vómitos, abdomen distendido, secreción de la vulva, 6-8 semanas después del estro.	Piometra (acumulación de pus en el útero).	URGENTE, Llévela al veterinario, necesita una limpieza quirúrgica del útero y los ovarios.
Glándula mamaria agrandada, dolorosa o no, e inflamada.	Tumor de mamas (no siempre maligno). Mastitis.	Llévela al veterinario.
Letargo, pérdida de apetito, 1-2 semanas criando, puede haber secreción purulenta de la vulva.	Metritis (inflamación del útero).	Llévela al veterinario, puede que necesite antibióticos o extirpación de ovarios.

Problemas del sistema respiratorio

SÍNTOMAS	POSIBLES CAUSAS	ACCIÓN
Estornudos, fluido nasal.	Infección viral. Alergia (al polen). Hojas de hierba en la nariz. Rinotraqueitis viral felina. Infección con calicivirus felino (FeCV).	Si persiste, llévelo al veterinario.

Problemas del sistema respiratorio (*continuación*)

SÍNTOMAS	POSIBLES CAUSAS	ACCIÓN
Estornudos, secreción nasal purulenta por uno o por los dos orificios.	Tumor. Infección de bacterias u hongos. Absceso molar.	Llévelo al veterinario.
Piel roja en la nariz con algunas costras.	Alergia (a la mordedura de los mosquitos por ejemplo). Quemaduras del sol. Cáncer de piel.	Si está rojo manténgalo alejado del sol. Aplíquele protector solar. Si no se cura, llévelo al veterinario.
Respiración ruidosa.	Problemas en la laringe (laringitis). Bronquitis alérgica.	Llévelo al veterinario.
Respiración rápida.	Neumonía. Problemas del corazón. Asma. Envenenamiento (por ejemplo, con aspirinas). Ruptura del diafragma por una caída o un accidente. Piotórax (pus en el pecho por la mordedura de un gato).	Llévelo al veterinario. URGENTE. Llévelo al veterinario
Como arriba, encías pálidas o blancas.	Hemorragia interna o externa. Envenenamiento.	URGENTE. Llévelo al veterinario.
Asfixia, colapso.	Un cuerpo extraño en la garganta obstruye la respiración.	Intente deshacer la obstrucción. Llévelo al veterinario urgentemente.
Movimiento abdominal asociado con la respiración.	Ruptura del diafragma después de un accidente/trauma. Neumotórax (aire en el pecho, tras un accidente/trauma). Piotórax. Hemotórax (sangre en el pecho) después de un envenenamiento con anticoagulantes (por ej. veneno para ratas). Daño en las costillas o en el pulmón por trauma/accidente.	Llévelo al veterinario.
Sangre de la nariz.	Trauma agudo. Cuerpo extraño en la nariz. Problema en el mecanismo de coagulación. Envenenamiento por insecticidas para roedores. Tumor.	Llévelo al veterinario.

CONTROLE LA SALUD DE SU GATO
Problemas del sistema respiratorio - óseos,
articulares y musculares

Problemas del sistema respiratorio (*continuación*)

SÍNTOMAS	POSIBLES CAUSAS	ACCIÓN
Tos leve ocasional.	Traqueitis. Alergia. Problemas del corazón.	Llévelo al veterinario en cada caso.
Tos frecuente, superficial, historia de accidente.	Neumotórax (aire en el pecho).	Llévelo al veterinario.
Tos frecuente seca junto con secreción nasal purulenta, el gato parece enfermo.	Rinotraqueitis viral felina (RVF).	Llévelo al veterinario.

Problemas óseos, articulares y musculares

SÍNTOMAS	POSIBLES CAUSAS	ACCIÓN
Cojera leve en una extremidad, una articulación dolorosa al flexionarlo o al estirarlo.	Esguince (daño leve del ligamento o del cartílago en una articulación).	Pida consejo a su veterinario.
Cojera, patas con hemorragias.	Corte en una almohadilla.	Llévelo al veterinario.
Cojera repentina en una pata trasera. Toca el suelo con los dedos pero no deja caer el peso sobre ellos.	Ruptura del ligamento cruzado anterior en la articulación de la rodilla. Suele ser a causa de un accidente por ejemplo si se engancha en una valla o entre las ramas de un árbol, retorciendo la pata y rompiéndose el ligamento.	Llévelo al veterinario. Puede que necesite una intervención quirúrgica.
Cojera repentina, no apoya una de las patas traseras en el suelo.	El tope de la rodilla se traspasa (patella).	Llévelo al veterinario.
Cojera repentina, dolor en la extremidad trasera.	Dislocación de cadera. Fractura de la cabeza del fémur.	Llévelo al veterinario en cada caso.
Cojera repentina tras un accidente o una caída, una parte de la extremidad afectada hinchada, dolor.	Fractura de hueso.	Llévelo al veterinario.
Cojera repentina, el tejido de la pata hinchado.	Herida producida por una mordedura.	Llévelo al veterinario. La herida puede formar un absceso.
Colapso repentino de la extremidad trasera, al gato le suele doler.	Fractura de pelvis.	Llévelo al veterinario.
Dificultad al levantarse o al tumbarse. Hay menos rigidez después de realizar una actividad.	Artritis (enfermedad degenerativa de las articulaciones).	Llévelo al veterinario.

Problemas óseos, articulares y musculares (*continuación*)

SÍNTOMAS	POSIBLES CAUSAS	ACCIÓN
Dificultad al adoptar la postura normal para orinar o defecar.	Espondilosis (enfermedad degenerativa que consiste en la deposición de huesos extra entre las vértebras).	Llévelo al veterinario.
Hinchazón doloroso y firme sobre una articulación, haciéndose cada vez más grande.	Osteomielitis (infección en los huesos).	Llévelo al veterinario.
Cojera crónica en una pata.	Artritis (enfermedad degenerativa de las articulaciones).	Llévelo al veterinario.

Problemas de piel

SÍNTOMAS	POSIBLES CAUSAS	ACCIÓN
Piel casposa, escamas blancas en el pelo.	Infección por el ácaro *Cheyletiella*.	Consulte a su veterinario para tratamiento insecticida.
Caspa, picores en cabeza y hombros. Ver pequeños insectos.	Piojos (ver p. 93).	Como arriba.
Pérdida de pelo, simétrica, no irritación, no pelo roto.	Desequilibrio hormonal.	Llévelo al veterinario.
Pérdida asimétrica y pelo roto	Alopecia psicogénica, provocada a sí mismo por lavarse demasiado como respuesta al estrés.	Llévelo al veterinario.
Pérdida de pelo y piel escamosa. No hay picores.	Gusanos (infección de hongos).	Llévelo al veterinario.
Picores, piel enrojecida, aparentemente húmeda, por detrás del cuello y por dentro de las patas.	Complejo granuloma eosinofílico.	Llévelo al veterinario.
Picores, lavados excesivo, puede haber cambio de piel.	Alergia a las pulgas, a la comida o al ambiente. Ácaros (*demoedex* o *notoedres*).	Si el control de pulgas no es el adecuado, llévelo al veterinario. O trátelo contra las pulgas (ver p. 92).
Se rasca, mastica, piel inflamada y puede que sangre.	Pioderma (infección bacteriana profunda) complejo granuloma eosinofílico.	Llévelo al veterinario.
Úlcera en el labio o en la nariz.	Complejo granuloma eosinofílico.	Llévelo al veterinario.
Hinchazón o bulto en la piel, sin dolor.	Lipoma (tumor de grasa). Hematoma (coagulo de sangre). Tumor en la piel. Quiste sebáceo.	Llévelo al veterinario en todos los casos.
Bulto o hinchazón en la piel, dolor, puede haber secreción de fluido.	Absceso.	Llévelo al veterinario.

Problemas de estómago

SÍNTOMAS	POSIBLES CAUSAS	ACCIÓN
Come hierba, después vomita hierba y mucosa. También hay pelo y presa en el vómito.	Evacuación natural de material no digerible.	Siga las instrucciones para los vómitos (ver p. 121).
Como arriba, sólo fluido.	Gastritis leve.	Siga las instrucciones para los vómitos.
Vómitos, gatos de pelo largo.	Bolas de pelo.	Hable con su veterinario sobre la dieta y los laxantes como el aceite. Péinelo más a menudo.
Vómitos frecuentes, rechazo de comida, depresión.	Gastritis. Pancreatitis. Obstrucción (podría ser de una bola de pelo).	Llévelo al veterinario en cada caso.
Como arriba, más diarrea (con o sin sangre), heces oscuras.	Enteritis infecciosa felina (FIE). Virus de leucemia felina (FeLV). Envenenamiento.	Llévelo al veterinario en cada caso.
Como arriba, más postura encorvada.	Un cuerpo extraño hospedado en su estómago. Pancreatitis.	Llévelo al veterinario, acción urgente.
Abdomen distendido, gato joven, letargo, poco pelo.	Gusanos.	Tratamiento contra los gusanos (consulte pp. 93-95).

Problemas urinarios

SÍNTOMAS	POSIBLES CAUSAS	ACCIÓN
Sed excesiva, mala respiración, grandes cantidades de orina, úlceras en la boca, pérdida de peso, anemia, vómitos.	Enfermedad intestinal crónica (nefritis) resultado de una infección, una degeneración crónica, un tumor o defectos hereditarios.	Controle el agua que ingiere su gato al día. Llévele esta información a su veterinario.
Animal joven, no se desarrolla, bebe mucha agua, orina muy pálida.	Enfermedad renal juvenil (hereditaria).	Llévelo al veterinario.
Orina olorosa, puede contener sangre, orina frecuente o pérdidas de orina, puede que se lama la vulva o el pene.	Cistitis (inflamación del intestino) debida a una infección, piedras en el intestino o estrés.	Llévelo al veterinario.
Gato macho, dificultades para orinar, puede que maúlle y vomite.	Bloqueo de la uretra, posiblemente por una piedra en el intestino.	URGENTE TOMAR MEDIDAS. Llévelo al veterinario.

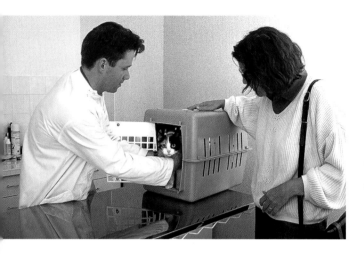

PRIMEROS AUXILIOS
Tratamiento de emergencia

L a información que aparece a continuación es tan sólo una guía y nunca debe ocupar el lugar del veterinario. Si se encuentra ante una emergencia, no olvide que los principios de primeros auxilios son los mismos que para las personas.

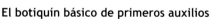

El botiquín básico de primeros auxilios

- Rollos de venda de 2,5 y 5 cm.
- Tiritas.
- Venda de crep de 2,5 cm.
- Rollos de esparadrapo de 5 y 7 cm.
- Almohadillas de gasa.
- Lana de algodón.
- Pinzas.
- Tijeras curvadas y acabadas en punta.
- Tijeras rectas.

- Cortaúñas.
- Líquido antiséptico y desinfectante.
- Tubo de crema antiséptica.
- Peróxido de hidrógeno para las heridas.
- Parafina medicinal para el estreñimiento.
- Pequeñas bolsas de sosa para inducir el vómito.
- Gotas para el oído y los ojos, recomendadas por su veterinario.
- Rollo de papel absorbente.

FOTO SUPERIOR: Es mejor que lleve a su gato al veterinario en un cajón o en una caja. Le ayudará a sentirse seguro y reducirá el riesgo de que se escape de sus brazos cuando se asuste por un perro en la sala de espera o por el ruido de un coche que pase por la calle.

Cómo darle pastillas
a su gato

Coloque su dedo gordo a un lado de la boca del gato y al otro los cuatro dedos restantes de su mano. Presione suavemente y échele la cabeza hacia atrás, su boca debería abrirse.

Utilice la otra mano para bajarle la mandíbula inferior y métale la pastilla lo más dentro de la boca posible.

Sostenga la boca del gato cerrada y la cabeza hacia atrás hasta que se haya tragado la pastilla.

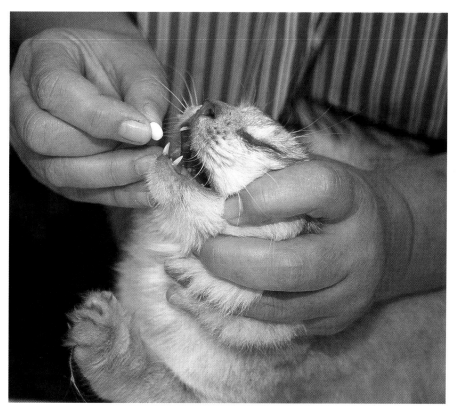

Cómo manejar
a un gato nervioso

Cuando tenga que llevar al veterinario a un gato nervioso, lo mejor será que lo envuelva en una manta. Su veterinario desenvolverá al gato ya calmado para examinarlo.

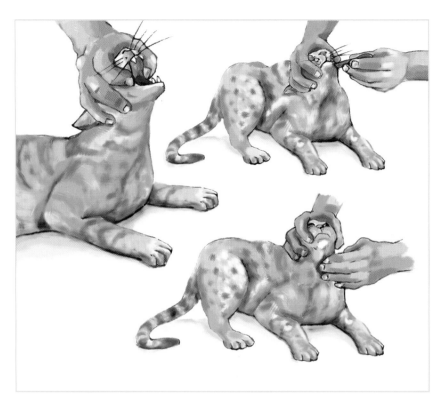

Eche su cabeza hacia atrás. Apriete en las esquinas de los labios para hacer un bolsillo y entonces vierta el líquido en la boca. Mantenga la boca de su gato cerrada hasta que se haya tragado el líquido. Será difícil conseguirlo y puede que necesite ajustar la dosis en consecuencia, para tener en cuenta lo que se ha derramado (tenga cuidado de no darle sobredosis).

Heridas leves

El instinto de un gato es lamer y limpiar sus heridas. Una herida expuesta al aire se secará y se curará más rápido.

Donde tenga heridas leves, puede cortarle el pelo de alrededor, revisarlas y quitarle lo que se le haya clavado, cristal u otros objetos incrustados. Lave la herida con salina o con peróxido de hidrógeno y después deje que el gato se cuide a sí mismo.

Preste atención a una herida leve, porque si se lame demasiado el gato puede producirse cambios de piel e introducirse una infección; si esto ocurre, pídale consejo a su veterinario.

A veces, a los dueños les resulta difícil vendar una zona afectada y en muchos casos el gato se quita la venda con rapidez. Puede ponerle esparadrapo encima de la venda para que no se la quite, pero esto tendría que hacerlo un veterinario o una enfermera. Posiblemente, su veterinario le recomiende un collar isabelino como último recurso para impedir que su gato se siga lamiendo la herida.

Si la herida está en una zona en la que el gato no llega, córtele el pelo y lávela con salina (dos cucharadas de sal en dos vasos de agua), 3% de peróxido de hidrógeno o antiséptico recomendado por su veterinario.

Heridas por una mordedura o pinchazo

Algunas pueden parecer leves, pero por su naturaleza tienen el poder de causar problemas. La apertura cicatrizará muy pronto y cualquier infección que se haya introducido (suele ser el caso) se quedará dentro y puede llegar a formar un absceso.

Posiblemente, el gato lama la herida permaneciendo abierta o puede hacer lo mismo usted lavándola con salina. Si tiene alguna duda sobre lo que debe hacer o si la herida parece estar infectada, pida consejo a su veterinario porque normalmente necesitará antibióticos.

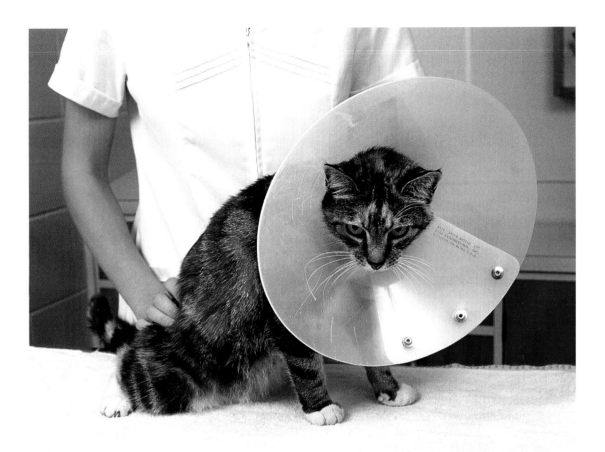

El sangrado de una vena

Si a su gato le sangra una vena, la sangre calará y será de color oscuro. Intente lavar la herida con salina o con un 3% de peróxido de hidrógeno.

Si la herida está en una extremidad, intente ponerle un vendaje fuerte de la siguiente manera:

○ Cubra la herida con una gasa.

○ Póngale encima una capa fina de lana de algodón.

○ Póngale la venda bien pero sin apretar. Utilice vendas de buena calidad y mantenga la tirantez.

○ Observe de vez en cuando para asegurarse de que no hay hinchazón debajo de la venda (signo de que la venda está demasiado tirante).

○ Podría vendar la extremidad hasta el pie o dejar el pie al descubierto para evitar este tipo de hinchazón.

○ Pida cita para que su veterinario la revise.

Si la herida está en una zona que no puede vendar, póngale la almohadilla de gasa y la lana de algodón; después, con el dedo gordo o los dedos apriete suavemente durante cinco minutos. Si sigue sangrando, pida ayuda tan pronto como pueda.

El sangrado de una arteria

La sangre arterial es de color rojo muy vivo y sangra a borbotones.

○ Si la arteria que sangra no es muy grande, póngale una venda como ya hemos visto y controle cada 10 minutos para asegurarse de que está dejando de sangrar.

○ Si la arteria es más grande, use sus dedos para ejercer presión sobre la zona afectada pero ligeramente cerca del corazón. Retire la presión a los cinco minutos y vuelva a ejercerla si es necesario.

○ Tan pronto como pueda, lleve a su gato al veterinario.

FOTO SUPERIOR: Los collares isabelinos se usan para evitar que los gatos se laman las heridas del cuerpo o dañen zonas operadas como los oídos o los ojos. Los gatos no deberían salir a la calle mientras lleven estos collares.

El sangrado de una uña

Normalmente se debe a un accidente, y en la mayoría de los casos la uña termina cayéndose. La herida puede doler y el gato no le dejará que lo toque.

Si le deja, protéjale la herida con una almohadilla esterilizada sobre la zona afectada; después, colóquele una venda alrededor de toda la pata. Dejará de sangrar en cinco minutos, pero la herida necesitará antibióticos; por lo tanto, consulte con su veterinario.

Heridas en los ojos

Puede curar problemas leves como polvo o suciedad lavándole el ojo con las gotas de su botiquín de primeros auxilios o con su propio colirio.

No olvide que la córnea es delicada y si la daña se verá durante años. Por eso, vigile muy bien cualquier problema en los ojos de su gato y si tiene alguna duda, llévelo a revisión.

Heridas en los oídos

Pueden deberse a una pelea entre gatos o a que se ha enganchado en una ramita. Las venas de la superficie del oído son muy delicadas y puede que le salga sangre. A menos que la herida sea muy pequeña, llévelo al veterinario.

Heridas en la boca

La causa suele ser un hueso afilado. Las heridas pequeñas en la lengua o en las encías cicatrizarán sin problema pero si tiene alguna duda, pregúntele a su veterinario.

Para retirar una raspa del labio de su gato, intente retirarle los bigotes y cortar la raspa desde la punta. Si no puede hacerlo, pídale ayuda a su veterinario.

Heridas en las patas y en los dedos

Las heridas de las patas pueden lavarse con salina o con un 3% de peróxido de hidrógeno, vendarse y cubrirse con un calcetín viejo; los cortes en los dedos son más difíciles de tratar y a menos que sean muy pequeños, será mejor que los trate un veterinario.

Heridas en la cola

Las heridas pueden producirse en una pelea, así que cúrelas como hemos descrito en el anterior apartado.

Si le duele mucho la zona afectada, posiblemente tenga la cola rota; en ese caso, pida consejo a su veterinario. A veces, la cola se queda atrapada debajo de la rueda de un coche y al intentar sacarla el gato tira muy fuerte de ella, provocando lesione muy fuertes en los nervios. En muchos casos, se les paralizará la cola; desgraciadamente, la lesión será permanente y la única solución es la amputación de la cola.

FOTO SUPERIOR: Debe colocar las vendas con cuidado. Si se las pone demasiado apretadas, podrían cortarle la circulación sanguínea. Es difícil vendar a un gato consciente, sobre todo si le duele. Este gato está sedado.

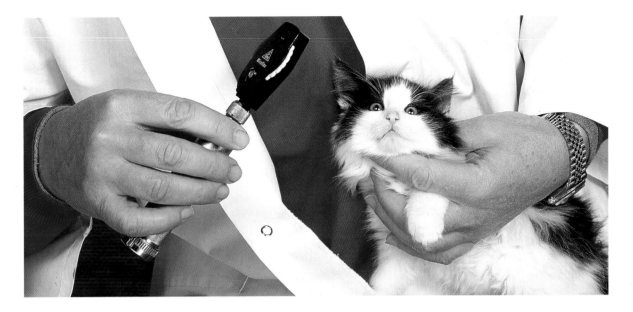

Fracturas

Si se fractura una pierna, restrinja los movimientos de su gato en la medida de lo posible. Puede apoyar su extremidad herida, poniendo un periódico o una revista alrededor. Si no está seguro, déjelo solo o agravará el daño existente. Pida la ayuda de un profesional.

En el caso de costillas rotas, utilice cualquier material que encuentre para vendar el pecho entero. Llévelo al veterinario.

Accidentes y emergencias

Antes de que empiece a administrarle cualquier tratamiento de emergencia, tendrá que tomar el pulso de su gato. Para hacerlo, coloque dos dedos en el centro del pecho, justo detrás de la rodilla de la pata delantera y presione suavemente.

No olvide que no debe mover al gato a menos que esté en peligro (por ejemplo, si está en la carretera).

Respiración artificial (RA)

○ Quítele el collar al gato y límpiele la saliva, la sangre o el vómito. Métale la lengua dentro.

○ Ponga al gato en su sitio.

○ Manténgale la boca cerrada con la mano.

○ Aspire y sople por los orificios nasales del gato durante unos tres segundos hasta que resista o hasta que el pecho aumente de volumen.

○ Repita este procedimiento de 12 a 15 veces por minuto.

○ Deténgase y fíjese en si el gato ya respira por sí solo.

○ Si no respira, siga haciéndole la respiración artificial.

○ Acuda al veterinario lo antes posible.

Reanimación cardiopulmonar (RCP)

Como la respiración artificial, puede resultar difícil por el pequeño tamaño del gato.

○ Coloque al gato de su lado derecho.

○ Extienda los dedos y la palma de su mano sobre el pecho.

○ Haga compresiones suaves y rítmicas que muevan el pecho unos 2 cm sin provocar heridas internas. Presione una vez un segundo por cada medio minuto.

○ Deténgase y observe si tiene pulso (consulte apartado accidentes y emergencias).

○ Si no responde, repítalo durante otro medio minuto y después hágale la respiración artificial (RA) durante un minuto.

○ Deténgase y observe los latidos y la respiración.

○ Si no ocurre nada, siga.

○ Si tiene pulso pero no respira, siga con la respiración artificial.

○ Acuda al veterinario lo antes posible.

FOTO SUPERIOR: Este veterinario está utilizando un oftalmoscopio para comprobar si el gato sufre alguna herida en los ojos.

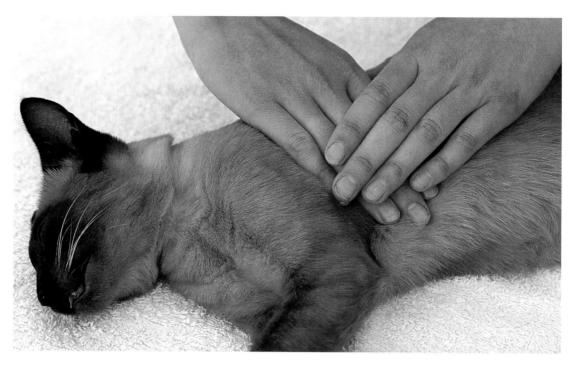

Accidentes de tráfico

○ Si el gato está en la carretera, pídale a alguien que avise a los coches que están circulando.

○ Tumbe al gato con cuidado en un trozo de tela y llévelo desde la carretera a una zona segura.

○ Compruebe la respiración y el pulso.

○ Si tiene pulso pero no respira, hágale la respiración artificial (ver p. 115).

○ Si no tiene pulso, ponga en marcha la reanimación cardiopulmonar (ver p. 115).

○ Un gato herido y consciente estará asustado, agresivo o las dos cosas. Hágalo todo despacio y tranquilo, hablándole y reanimándole todo el tiempo.

○ Utilice el trapo para arroparlo en el coche que lo traslade a la clínica veterinaria. No lo agarre demasiado, ya que puede agravar las heridas, sobre todo las fracturas de la columna.

○ Si cree que tiene algo en la columna y tiene material a mano, tumbe al gato en un lugar sólido y átelo para restringir su movimiento.

○ Si la única manera para moverlo es cogiéndolo, hágalo muy despacio colocando una mano en el pecho y la otra debajo de su lomo, manteniendo su columna lo más recta posible.

Shock

La mayoría de las víctimas de accidentes sufren un shock. Los síntomas son:

○ Respiración rápida.

○ Encías pálidas o blancas.

○ Pulso acelerado.

Qué hacer

○ Si el gato está inconsciente, túmbelo y sáquele la lengua para que le entre aire; después, póngale algo debajo de las caderas para subir sus extremidades traseras.

○ Si el gato está consciente, intente tranquilizarlo y acarícielo despacio.

○ Intente detener cualquier brote de sangre (ver p. 113).

○ Mantenga al gato templado pero no le dé calor.

○ Pida ayuda a un veterinario lo antes posible.

Shock eléctrico

○ Si el gato afectado sigue en contacto con la fuente eléctrica, desenchúfelo antes de tocar al gato.

○ Observe la respiración y el pulso.

○ Si tiene pulso pero no respira, practique la respiración artificial.

○ Si no tiene pulso, intente la reanimación cardiopulmonar.

○ Lleve al gato al veterinario lo antes posible.

FOTO SUPERIOR: No haga la reanimación cardiopulmonar (RCP) a menos que sea imposible llevarlo al veterinario, puede causarle daños muy graves si lo hace mal.

Ahogamiento

- Si puede, coloque al gato boca arriba y balancéelo de lado a lado durante unos 15 ó 20 segundos para que el agua salga de sus pulmones.
- Tumbe al gato de lado, dejándole caer la cabeza.
- Observe si tiene pulso y si respira.
- Si tiene pulso pero no respira, intente practicarle la respiración artificial (ver p. 115).
- Si no tiene pulso, intente practicarle reanimación cardiopulmonar (ver p. 115).
- Lleve al gato al veterinario lo antes posible.

Monóxido de carbono, humo u otra inhalación de vapor

- Procure llevar al gato donde haya aire fresco.
- Si está consciente, échele agua fresca en los ojos.
- Si está inconsciente, compruebe el pulso y si todavía respira.
- Si tiene pulso pero no respira, hágale la respiración artificial (ver p. 115).
- Si no tiene pulso, trate de hacerle la RCP (ver p. 115).
- Lleve al gato al veterinario lo antes posible.

Atragantamiento

- Si es posible, pida ayuda para sujetar al gato.
- Utilice los dedos y el dedo gordo de una mano para levantar el labio superior sobre los dientes en la mandíbula superior. Esta presión le hará abrir la boca.
- Si observa el objeto que le está provocando la obstrucción, intente quitárselo pero tenga cuidado de que no le muerda.
- Si no se lo puede quitar y el gato es muy pequeño, sujételo por las patas traseras, póngalo boca abajo y agítelo con fuerza.
- Llévelo al veterinario lo antes posible.

Convulsiones o ataques

Suelen durar unos minutos y no suelen causar la muerte. Su objetivo es evitar que el gato se haga daño a sí mismo o le haga daño a usted durante las convulsiones.

- Mantenga sus dedos lejos de la boca del gato.
- Llévelo a una zona vacía, sin muebles.

- Tumbe al gato en una manta para que le ayude a detener los movimientos de las patas y del cuerpo.
- Acuda a su veterinario para que le aconseje.

Quemaduras

Las quemaduras pueden ser causadas por el calor o por productos químicos como productos petrolíferos, ácidos fuertes o metales alcalinos.

Quemaduras causadas por calor

- Acuda al veterinario lo antes posible.
- Hasta que lo haga, póngale agua fría o un paquete congelado (como una bolsa de guisantes congelados) en la zona afectada.
- Intente impedir que el gato se lama en esa zona.
- Si tiene quemaduras graves, cubra la zona afectada con un trapo esterilizado.

Quemaduras causadas por productos químicos

- Lave a fondo la zona afectada con jabón (es preferible un jabón neutro, suave y sin olor) y agua.
- Intente averiguar la causa.
- Pida consejo a su veterinario.

Insolación

Los síntomas son respiración rápida e irregular, suspiros, vómitos y colapso.

- Traslade al gato a un ambiente frío.
- Si está inconsciente, hágale la RA o la RCP si es necesario (ver p. 115).
- Utilice una manguera o un baño de agua fría para enfriarlo durante media hora. Es conveniente ponerle una bolsa congelada en la cabeza.
- Pida ayuda a su veterinario.

Hipotermia

- Caliente al gato con una manta eléctrica o algo similar, déle la vuelta cada cierto tiempo.
- Si no, utilice una bolsa de agua caliente (37 °C) cubierta con un trapo.
- Pida ayuda a su veterinario.

Congelación

Las zonas más comúnmente afectadas en los gatos son las que tienen poco pelo como las puntas de las orejas o la nariz.

- Póngale una toalla empapada de agua caliente (24 ºC).
- Compruebe el color de la piel. Si es oscuro, llévelo al veterinario inmediatamente.

Picaduras de insectos y mordeduras de arañas

Existen muchos insectos venenosos, como las abejas, las avispas, los avispones o las arañas. Todas sus mordeduras o picotazos pueden producir reacciones alérgicas.

- Si el picotazo es de una abeja, utilice un cuchillo de punta para sacar el aguijón de la piel. No intente sólo estirar.
- Coloque hielo en la zona afectada.
- Llévelo al veterinario lo antes posible.

Sapos y reptiles venenosos

En Estados Unidos, el lagarto de cola azul y al menos otras nueve especies de sapos son capaces de envenenar a los gatos. Si un gato lame o muerde a un sapo, una toxina (que llevan en la piel) entra en la boca del gato y a veces en los ojos. Si se come la cola de un lagarto de cola azul, ingiere su veneno. Los signos clínicos aparecen rápidamente después del suceso, y son salivación, vómitos, sacudidas y temblores, falta de coordinación, convulsiones y coma.

- Si puede, lávele la boca y los ojos con agua.
- Si está inconsciente, arrópelo con una manta para que entre en calor.
- En cualquier caso, llévelo al veterinario para que lo trate con urgencia.

Picaduras de serpientes

Las picaduras pueden ser de serpientes venenosas o no venenosas. Las venenosas dejan una marca distinta a las no venenosas, pero es difícil diferenciarlo bajo el pelo de un gato. Como los gatos son difíciles de manejar, debería pedir ayuda a su veterinario lo antes posible.

Si puede manejar al gato, intente llevar a cabo los siguientes pasos:

- Si sabe que le ha picado una serpiente no venenosa, corte el pelo de la zona afectada y lave la picadura con un 3% de peróxido de hidrógeno.
- Si no está seguro de si es venenosa o no, trátelo como si lo fuera.
- Para las picaduras venenosas en extremidades, hágale un torniquete con una cinta o un trozo de tela de 2,5 cm de ancho. Póngala entre la picadura y el corazón a unos 2,5-5 cm de distancia. Ponga un palo o algo parecido sobre el torniquete, átelo con un nudo y apriete lo suficiente como para cortar la circulación en la zona afectada. Coloque un pedazo de tela alrededor del palo y la extremidad para sostenerlo en su sitio.
- Cualquiera que sea la zona afectada, arránquele el pelo y utilice un cuchillo para hacerle un corte sobre cada marca hasta que sangre.
- Absorba el veneno con la boca. NO LO HAGA SI TIENE HERIDAS O CORTES EN O ALREDEDOR DE SU BOCA.
- Escupa la sangre que absorba. NO SE LA TRAGUE.
- Lave la herida con un 3% de peróxido de hidrógeno.
- Aplique hielo en la zona afectada.
- Lleve a su gato al veterinario.
- Si tarda mucho en llegar a la clínica, cada 15 minutos afloje el torniquete durante 10 segundos, después vuelva a apretarlo.

Un encuentro con una mofeta

En Estados Unidos, las mofetas son unos de los más importantes portadores de rabia y no debería enfrentarse a ellas con las manos vacías. Siga las siguientes instrucciones si su gato se encuentra con una y le rocía la cara o el cuerpo.

- Sujete al gato.
- Lávele los ojos con agua limpia.
- Lávele el cuerpo a fondo con agua y jabón.
- Para neutralizar el olor, utilice un neutralizador de olor de mofetas o póngale zumo de tomate.
- Si la mofeta muere, NO LA COJA SIN GUANTES. Lleve el cuerpo para que le analicen la rabia.
- Asegúrese de su gato está vacunado contra la rabia.

Sustancias venenosas en los alrededores de la casa

La seguridad en los alrededores de la casa es tan importante para su mascota como para sus hijos.

Un líquido o unos polvos que se hayan derramado de un bote pueden pegarse en las patas de su gato y al lavarse puede ingerir la sustancia tóxica. Se dará cuenta de que el gato le cogerá el gusto por el sabor a cloro (los cloros olorosos llaman más a los animales) y lo lamerá de superficies húmedas.

Todas las sustancias venenosas fuertes deberían estar en lugares cerrados fuera del alcance de los gatos y que éstos no pudieran abrir. Las sustancias que desprendan vapores dañinos deberían utilizarse y guardarse donde haya una ventilación adecuada.

Síntomas de envenenamiento

Los síntomas pueden variar, dependiendo de la sustancia que haya tomado, y pueden ser similares a los de cualquier otra enfermedad. Sin embargo, debería considerar la posibilidad de envenenamiento si:

○ Resollar muy fuerte.

○ De repente, vomita o tiene una diarrea muy fuerte (más de dos o tres veces en una hora).

○ Tiene babas o espuma en la boca.

○ Maúlla.

○ Tiene un dolor fuerte en el abdomen.

○ Muestra signos de shock.

○ Está deprimido.

○ Sufre temblores, descoordinación, ataques o convulsiones.

○ Está colapsado o en coma.

○ Muestra signos de reacción alérgica como la cara hinchada y rayas rojas en el vientre.

Qué hacer

○ El tiempo es crítico.

○ Intente identificar el veneno.

○ Lleve a cabo las medidas de emergencia descritas en la p. 120.

○ Contacte con su veterinario inmediatamente y lleve a su gato a la clínica.

○ Si encuentra al gato con una sustancia venenosa o sin identificar, llévese el paquete con usted.

FOTO SUPERIOR: Los gatos que andan por jardines silvestres pueden encontrarse con la picadura de una serpiente o con otras criaturas venenosas.

La etiqueta debería contener información sobre el antídoto y el tratamiento para ese tipo de veneno en particular.

○ Si su gato vomita, recoja una muestra en un bote limpio y llévela al veterinario.

Tratamiento de emergencia

Si el veneno es CORROSIVO (ácido fuerte o alcalino) o contiene petróleo de base, o si no está seguro de lo que provocó el problema:

○ NO OBLIGUE AL GATO A VOMITAR.
○ Si el gato está todavía consciente, lave la lengua con abundante agua, y trate de darle una cucharada de clara de huevo o aceite de oliva.
○ Lleve al gato al veterinario.

Si el veneno NO ES CORROSIVO (no es un ácido fuerte o alcalino) ni contiene petróleo de base:

○ Si el gato aún no ha vomitado, oblíguele.
○ Ponga el vómito en un bote limpio.
○ Lleve al gato y el vómito al veterinario.

Inducir el vómito

Elija UNA de las siguientes opciones:

○ Un largo cristal de sosa directo a la garganta.
○ Una cucharadita de sal con un poco de agua templada.
○ Una cucharada de mostaza en polvo en una copa de agua templada.

Repítalo cada 10 minutos hasta que vomite. Guárdelo para llevárselo al veterinario.

Antídotos de emergencia

• Absorbentes: (sustancias tóxicas absorbentes): carbón activado, hasta seis pastillas de 300 mg o dos o tres cucharadas de polvos mezclados en una taza de agua templada.
• Proyectantes: (ayudan a cubrir las paredes del estómago): una cucharada de clara de huevo o aceite de oliva.
• Contra los ácidos: una cucharada de bicarbonato de sosa.
• Contra los metales alcalinos: varias cucharaditas de vinagre o zumo de limón.

Algunas fuentes de veneno poderosas

Muchas de las plantas de nuestro jardín y las sustancias que utilizamos frecuentemente en casa, en el jardín o en el garaje pueden ser venenosas para los gatos y otras mascotas (por supuesto, también para los niños pequeños). Los cachorros sobre todo están en peligro.

Dentro de la casa

Productos con petróleo:

○ Limpiadores en seco.

Productos corrosivos:

○ Detergentes concentrados, como los lavavajillas, los detergentes para lavadora o los de las aspiradoras.
○ Lejía del hogar (hipocloritos, cloro).
○ Desinfectantes concentrados.

Productos no corrosivos:

○ Medicamentos (humanos o animales). Los síntomas son vómitos, suspiros, respiración excesiva, olor a acetona, debilidad general o colapso.
○ Algunas plantas de interior pueden ser venenosas si se ingieren, como las hojas de la flor de Pascua o el muérdago.
○ Agentes de limpieza y champúes secos que contengan tetraclorito de carbón.
○ Chocolate. Contiene teobromina, un compuesto que actúa como la cafeína. Es estimulante e irritante y afecta a todos los órganos del cuerpo. La cantidad de teobromina en el chocolate en vistas al consumo humano es la adecuada, pero puede hacerle daño a un animal. Los síntomas son indisposición (vómitos y diarrea), pulso acelerado y subida de tensión, aumento de orina produciendo sed excesiva, temblor de músculos y convulsiones. No hay ningún antídoto.

Nota: Las gotas de chocolate para animales son buenas ya que no contienen teobromina.

Vapores:

○ De agentes de limpieza o disolventes como la acetona, el benceno o el tetraclórido de carbón.

- Monóxido de carbón por escapes de gas, mala ventilación o estufas de gasoil. No tiene olor, ni color, ni sabor.
- Humo (de cigarros, puros o lumbres).

En el garaje o en el cobertizo

Productos con petróleo:

- Disolventes o aguarrás.
- Aceite para motores.

Sustancias corrosivas:

- Ácido de batería.
- Quitagrasa.
- Metales alcalinos fuertes como lejía u otros productos de limpieza.
- Creosota o alquitrán.

No corrosivas:

- Los insecticidas para plantas, jardines y malas hierbas (fungicidas y herbicidas).
- Insecticidas, sobre todo los pirofosfatos como el maratión. Potencialmente letal. Puede absorberse a través de la piel.
- Metaldehído. Normalmente usado en los cebos de babosas y caracoles. Aunque muchos de estos productos contienen repelente para alejar a los gatos, se han dado casos de envenenamiento acumulativo. Un gato puede ingerir sólo unas gotas una vez pero poco a poco el metaldehído se va acumulando dentro de su cuerpo causando envenenamiento. El metaldehído puede estar también en las pastillas que se utilizan para encender pequeñas hogueras.
- Venenos para ratas y ratones. Hay mucha variedad de productos. Sus ingredientes activos incluyen el arsénico, el talio y otros químicos.
- Anticongelante. A algunos gatos, en especial a los cachorros, les gusta el sabor del anticongelante y lo tomarán si lo descubren. Es muy tóxico y dañino para el intestino. Una cantidad muy pequeña puede ser fatal. Los síntomas suelen comenzar una hora o dos después de haberlo tomado.

Vapores

- Humos de protectores de madera, disolventes o aguarrás.

En el jardín

- Hongos.
- Bayas como el muérdago.
- Plantas: azalea, pájaro del paraíso, azafrán de primavera, delfinio, dedalera, lirios, hiedra, jazmín, laburno, laurel, espuela de caballero, azucenas, lirio del valle, adelfa, alheña, rododendro, guisante de olor y glicina.
- Algunos vegetales: hojas de ruibardo (crudo o cocido), tomateras.

En el coche

- Monóxido de carbono por un tubo de escape defectuoso.

En los alrededores

También puede haber sustancias venenosas en lugares públicos, lejos de su casa.

- Veneno para ratas, puesto para eliminarlas.
- Otros venenos, animales muertos por el veneno destinado a eliminar las alimañas en los bosques.
- Comida contaminada de salmonela o por la bacteria *Clostridium botolinum*. Los gatos suelen ser muy maniáticos a la hora de comer pero la salmonelosis (envenenamiento de la comida) puede ser fatal en animales jóvenes. El botulismo afecta al sistema nervioso y provoca una parálisis parcial o total.

INSTRUCCIONES PARA ACTUAR Y TRATAR EL VÓMITO

En los gatos el vómito es una manera natural de eliminar material del estómago, y que un gato vomite no significa que esté enfermo, sino que simplemente se está deshaciendo de material no digerible como los restos de una presa. Si su gato vomita una vez o dos, y parece contento, vea cómo progresa en las siguientes horas. Si no vomita más veces, déle pequeñas cantidades de comida durante las siguientes 24 horas y si todo va bien, vuelva a darle una dieta normal.

Consulte con su veterinario si tiene alguna duda o si:

- El gato parece deprimido.
- Hay sangre en el vómito.
- El gato vomita intermitentemente (cada tres o cuatro horas) durante más de ocho horas.
- El gato vomita sin parar.
- El gato ha podido tener acceso a sustancias venenosas.

Índice

Nota: los números de página en cursiva se refieren al material ilustrado.

Abreviaturas de fotógrafos: (Los derechos de autor recaen en los siguientes fotógrafos y/o agentes): A/JC= Anipix/Jan Castrium; AL=Alexis; B=Bios; E & PB=Erwin & Peggy Bauer; JB=Jane Burton; RC=R Cavignaux; C=Cogis; BC=Bruce Coleman; D=Dammon; FN=Foto Natura; G=Gissey; H=Hermeline; JJ=Johnny Johnson; L=Lanceau; KH=Klein-Hubert; RM=Robert Maier; GM=Graham Meadows; O=Okapia; PB=Picture Box; HR=Hans Reinhard; SIL=Struik Image Library; KT=Kim Taylor; ST=Sally-Anne Thompson; PVG=Paul van Gaalen; DVZ=Dries van Zyl; V=Vidal; WP=Warren Photographic.

Abreviaturas de localización: a=arriba, e=encima, i=izquierda, d=derecha, dd=debajo. (no se pone abreviatura en las páginas que tienen sólo una foto o en las que todas son del mismo fotógrafo).

guardas		BC	28	ai	BC/HR	53		ST	88		A/JC
1		WP/JB	28	da	ST	54		GM	89		A/JC
2		BC/JB	28	e	BC/JV	56	a	BC/HR	90		ST
3-4		WP/JB	29		WP/JB	56	e	BC/DVG	91		GM
5	dd	WP/JB	30	a	A/JC	57	e	WP/JB	92	i	BC/KT
5	a	A/JC	30	e	GM	58		GM	92	d	KH/FN
6-7		WP/JB	31		BC/JB	59		BC/KT	93		GM
8-9		WP/JB	32		WP/JB	60		WP/JB	94	a	C/L
10	a	A/JC	33	a	GM	61		WP/JB	94	dd	GM
10	e	BC/JJ	33	e	WP/JB	62		BC/JB	95	a	WP/JB
11		GM	34		GM	63	a & e	BC/JB	95	e	GM
12	a	GM	35		PB	64		BC/JB	96		GM
12	e	WP/JB	36	a	C/H	65		BC/JB	97		GM
13		BC/E & PB	36	e	BC/HR	66		C/D	110	a	KH/B/FN
14	a	GM	37	a	WP/JB	68		BC/JB	110	e	SIL
14	e	WP/JB	37	e	GM	69	i	JC/FN	111		A/JC
15	i	BC/JB	38		WP/JB	69	d	A/JC	113		GM
15	ad	WP/JB	39		ST	70		PB	114		GM
15	e	WP/JB	40	i	A/JC	72	a	WP/JB	115		KH/O/FN
16		GM	40	da	BC/RM	72	ed & ei	WP/JB	116		GM
17	a & e	GM	40	de	WP/JB	73	a	BC	119		C/G
18		C/H	41	a	WP/JB	73	e	WP/JB	122-123		WP/JB
19		ST	41	e	C/H	74		WP/JB	128		GM
20		C/H	42		C/V	76		GM			
21		C/H	43		C/H	77		GM			
22	a	ST	44		BC/PVG	78		WP/JB			
22	e	BC/HR	45		BC/KT	79		WP/JB			
23	a	GM	46		SIL	81		A/JC			
23	e	C/AL	47		WP/JB	82		WP/JB			
24	i	GM	48	a	SIL	83		WP/JB			
24	d	GM	48	e	GM	84	a	RC/B/FN			
25	i	GM	49		SIL	84	e	GM			
25	d	ST	50		ST	85		WP/JB			
26		WP/JB	51		SIL	86		GM			
27		BC/JB	52		SIL	87		GM			

Cubierta

solapa trasera	GM
cubierta trasera	WP/JB
solapa delantera	SIL

cubierta delantera, siguiendo la dirección de las agujas del reloj desde arriba a la izquierda WP/JB; WP/JB; GM; FN/B/KH; C/G; WP/JB

Un gato anaranjado como este pequeño cachorro ha hecho compañía durante muchos años a Graham Meadows, a quien está dedicado este libro.